U0684549

小学语文教育与阅读能力培养探索

巩向玲 张姝 于建丽 ◎著

必须把阅读放在首位
培养小学生的阅读能力
通过阅读不断丰富自己的词汇
从而提高自己的阅读能力

论述严谨
结构合理
条理清晰
具有前瞻性

小学语文教育概述、小学语文教学设计

小学语文多视角教学策略、小学语文阅读教学内容

小学语文阅读能力培养整体框架、小学语文课外阅读

中国出版集团
中译出版社

图书在版编目（CIP）数据

小学语文教育与阅读能力培养探索 / 巩向玲，张姝，
于建丽著. -- 北京：中译出版社，2024. 3

ISBN 978-7-5001-7829-3

Ⅰ. ①小… Ⅱ. ①巩… ②张… ③于… Ⅲ. ①小学语 文
课—教学研究②阅读课—教学研究—小学 Ⅳ.
①G623.202

中国国家版本馆CIP数据核字（2024）第066906号

小学语文教育与阅读能力培养探索
XIAOXUE YUWEN JIAOYU YU YUEDU NENGLI PEIYANG TANSUO

著　　者： 巩向玲　张　姝　于建丽
策划编辑： 于　宇
责任编辑： 于　宇
文字编辑： 田玉肖
营销编辑： 马　萱　钟筏童
出版发行： 中译出版社
地　　址： 北京市西城区新街口外大街 28 号 102 号楼 4 层
电　　话： （010）68002494（编辑部）
邮　　编： 100088
电子邮箱： book@ctph.com.cn
网　　址： http://www.ctph.com.cn

印　　刷： 北京四海锦诚印刷技术有限公司
经　　销： 新华书店
规　　格： 710 mm×1000 mm　1/16
印　　张： 13
字　　数： 208 千字
版　　次： 2024 年 3 月第 1 版
印　　次： 2024 年 3 月第 1 次印刷

ISBN 978-7-5001-7829-3　　　定价：68.00 元

前　言

语文作为基础工具学科，在培养学生听、说、读、写能力的过程中起着极其重要的作用，其教育方法尤为重要。小学语文教育是实践性与艺术性的结合。在教育中，要注重对学生思维能力的训练和培养。思维是语言的基础和先导，思维的训练和培养是语文能力、综合素质形成的基础和关键，小学语文课堂尤其要注重形象思维、逻辑思维和创造性思维的训练和培养，这无论对语文学习还是其他学科的学习都十分重要。

基于新课程改革目标下的课堂要求，小学语文教学过程中，语文阅读能力培养也渐渐被提上日程。学生阅读能力的培养有助于提高学生的思维能力及个人的见识，能认识到很多新鲜的事物，思维上能得到更大的提升。教师应当认识到培养学生阅读能力的重要性，积极开展阅读教学，规划好教学目标，更要选取一些有效的教学方法来提升学生的阅读能力。小学生阅读能力的培养不仅直接关系到学生理解文学作品的效率，也将对学生日后对其他学科知识的学习进而探究效果起到决定性作用。因此，小学语文教师需要借助多元化的教育手段对学生实施阅读能力教育，并帮助学生在语文课堂中逐步实现阅读理解能力的进步、问题解决能力的强化和阅读效率的有效提升。

本书是一本关于小学语文教育与阅读能力培养探索的书籍，主要从小学语文教育概述、小学语文教学设计、小学语文多视角教学策略、小学语文阅读教学内容、小学语文阅读能力培养整体框架、小学语文课外阅读等诸多方面进行阐述。阅读是语文教学任务的重点之一，对小学生来说，主要是课文的阅读，通过阅读不断丰富自己的词汇，从而提高自己的阅读能力。而学生的阅读能力又是获得其他能力的基础，所以，在语文教学中必须把阅读放在首位，尤其是在小学中年级的教学中，培养小学生的阅读能力尤为重要。

本书在写作的过程中参考了大量的文献资料，不能一一列出，在此向参考文献的作者表达崇高的敬意。在写作过程中，由于水平有限，书中难免存在很多不足之处，恳请各位专家和读者，能够提出宝贵意见，使之更加完善。

作　者
2023 年 10 月

目　录

第一章　小学语文教育概述

第一节　小学语文教育的宏观策略

一、小学语文教育目标的审视

教育目标是教育活动的出发点和理想归宿，引导着教育活动的顺利进行，同时又影响着教育内容的取舍、教育方法的运用及教育效果的评价。为进一步促进小学语文教育的发展，对这一指导性的目标体系进行重新审视是十分必要的。

（一）关于"语文素养"

新课程标准认为，语文课程应致力于学生语文素养的形成和发展，即语文课程的终极目标是全面提高学生的语文素养。

关于"素养"一词，从汉语词源的角度来说，"素"本义是指没有花纹的丝织品，是原色的。由于这种丝织品最为常见，因此具有了"平常"的形容词义，在后来的使用过程中又进一步引申为副词；"养"是"养成"的意思，通常指经过努力而达到一定的目标。由此可见，"素养"可以理解为经过平常不断地努力而达到的水平或造诣。那么语文素养，即指经过平常不断地语言训练而达到的语文水平。

一直以来，用"素养"来形容语文能力是比较恰当的。其一，语文课程属于人文课程，具有情感性、主观性、不确定性的基本特性，对教材内容的见解与理解往往受到个人的知识背景、生活体验与体悟的影响，因此，语文能力的形成，离不开长期的、潜移默化的熏陶。这和"素"的意义是吻合的。其二，虽然没有经过训练的人也能够运用母语进行日常的口语交流，但较高级的语文能力离不开有意识地训练。这正是"养"的意义的体现。其三，从整体来看，由于语文能力是经过长时间的努力才形成的，因此就某个角度来看，个人的语文素养具有一定的整体性，这个整体性具有很强的蝴蝶效应，能够对其他人产生影响。

（二）关于三个维度

新课程标准提出了三个维度，即知识和能力、过程和方法、情感态度和价值观。这三个维度的提出，在一定程度上对之前过分注重知识与能力进行了纠正，因此，新课标一出台，"情感态度和价值观""过程和方法""知识和能力"就受到了广泛关注。

1. 情感态度和价值观

在对语文单一工具性进行纠偏的过程中，情感态度和价值观作为彰显人文性的标志被推到了最前沿。

在语文学习过程中，培养爱国主义情感、社会主义道德品质，逐步形成积极的人生态度和正确的价值观，提高文化品位和审美情趣，认识中华文化的丰厚博大，吸收民族文化智慧，关心当代文化生活，尊重多样文化，吸取人类优秀文化的营养，注重情感体验，受到高尚情操与趣味的熏陶，发展个性，丰富自己的精神世界等。

2. 过程和方法

言语能力在语文教育的实践过程中，不断得到加强。小学语文教育的对象是六七岁至十二三岁的孩童，他们的言语能力正处于快速发展的黄金时期，因此，在小学语文教育过程中应注意过程性，重视过程中方法的运用，在科学思想的指导下实施教育，全面提高学生的言语能力。

3. 知识和能力

虽然在推行新课标的过程中，人们有意无意地淡化了知识和能力的目标要求，但就课程标准的规定来看，不管是在学习目标三个维度中的排序，还是就课程"总目标"的表达来看，知识和能力都被放到了极其重要的位置。

就世界教育改革而言，减少知识量，降低知识难度，培养学生的能力与情感，进而促进学生的全面发展，逐渐成为共同的发展趋势。随着科技的进步与发展，获得知识变得越来越容易，拥有知识已不能成为职场的核心竞争力。因此，相对于过去过分看重知识，人们逐渐把视线转向了学生的能力与情感。

　　另外，教育设计是在建构主义影响下进行的，"意义建构"逐渐取代了"教育目标"的使用。学生是学习的主体，是意义的主动建构者。虽然教育思潮在不断发生着变化，知识在教育中的地位也在不断改变，但基本概念、基本原理以及基本方法始终是学习的主题，知识建构只有围绕学习主题进行，才能体现出知识建构的真正意义。换言之，基本概念、基本原理、基本方法是制定教育目标应遵循的原则。如果违背了这个原则，随意建构，没有明确的教育目标，那么，就很可能贻误了学生。

二、小学语文教育理念的更新

　　新课程标准提出了四个新理念，即全面提高学生的语文素养，正确把握语文教育的特点，积极倡导自主、合作、探究的学习方式，努力建设开放而有活力的语文课程。

（一）学生是发展中的人

"学生是发展中的人"主要包含以下两层意思。

1. 学生是人

　　现在的很多教育者都曾经受到淡化"人性"教育的影响。因此，面对新的社会环境，我们需要对教育有一个全新的审视，以全新的理念认识到每一个学生都具有主体性。学生是学习和发展的主体，学生是语文学习的主人，因此，语文学习应尊重学生的主体地位以及个体间的差异，激发学生的学习兴趣，注重培养学生良好的学习习惯与学习态度，为学生创设自主学习的情境，协助学生找到适合自己的学习方法，并在学习中提升自我的语文素养。

2. 学生处于发展之中

　　每个人都处于不断发展之中。学生由于处在特别的年龄阶段，具有很强的可塑性，教师应重视对学生潜能的开发，依据学生的独特个性，促进其有特色地发展、可持续地发展。以"自主、合作、探究"的学习方式为例，与其相应的学习能力并不是与生俱来的，也不是短时间内就可以形成的，它需要根据不同的学年、不同的教育内容、不同的教育情境，在一年级到六年级的学习过程中逐渐培养与生成。如果一味地注意学生作为"人"的自主性，而不考虑学生发展的实际情况，往往会适得其反，不能很好地促进学生的发展。

需要注意的是，"以人为本"并不仅仅注重学生的发展而忽视知识的传授，也并不是用以学生为中心取代教师的讲授，而是注重学生在接受学习的过程中加强自主学习。"以人为本"是教育活动的精神内核，教育中应把学生当作发展中的人来看待，不只关注形式，更应以教育内容为主导。

（二）语文具有实践性

语言是用会的而不是学会或教会的。因此，新课标强调了语文是母语教育课，学习资源和实践机会无处不在、无时不有，因而应该让学生更多地直接接触语文材料，在大量的语文实践中掌握运用语文规律的观念，并在"教育建议"中要求：语文教育要沟通课堂内外，充分利用学校、家庭和社区等教育资源，开展综合性学习活动，拓宽学生的学习空间，增加学生语文实践的机会。

在学生的学习阶段，尤其是在小学阶段，这种导向是科学合理的，由于学生的学习以感性为主，接触更多的是感性材料，因此，多让学生参加一些语言实践活动，对于他们提高语文能力是十分有利的。需要注意的是，尽管语文学习具有开放性，应不断拓宽其发展的空间，使其在校外环境中得以运用，但是，如果没有理性的"教"与"学"的引导，"用"就会失去其科学性。对语言的运用如果只是低水平的重复，那么是不利于提高学生的语文素养的。

三、小学语文教育内容的调整

一直以来，包括国家权威性的语文教育纲领性文件在内，都把教育目标与教育内容混为一谈。从理论角度上说，教育目标讲的是教育活动应达到的目的，具有指向性；教育内容讲的是向学生讲授什么内容。教育目标是抽象的，教育内容是具体可行的。举例来说，如果教育目标是"要求学生掌握汉字的基本笔画"，那么教育内容就是对具体的汉字基本笔画进行陈述以及向学生展示汉字基本的笔画并进行相应的练习。换言之，教材是语文教育内容的载体，其中包括课文、思考练习、基础训练以及教辅资料等。除此以外，课外读物、音频材料、网络资源以及生活中的实例等教材外的其他资料，经过筛选后，同样可以成为教育内容的良好载体。由于语文具有圆融性，语文教育内容很难做到条分缕析，然而教育目标却可以具体到点。也正因如此，人们常常用教育目标取代教育内容。

虽然教育内容与教育目标都是人为规定的，但认识到二者的差别对教育具有十分重要的意义。由于对同样的教育内容有着不同的理解，可能会产生若干种不同的教育目标。

总的来说，小学语文的教育内容主要包括识字写字（包括汉语拼音）、阅读、写作、口语交际、综合性学习。与之前的教育大纲相比，目前的教育内容有以下四点变化。

第一，在识字写字教育中，一、二年级的识字量增加了约 500 个，"直呼音节"变成了"拼读音节"。

第二，写作的教育内容根据年级的差异表现出不同的特点。与之前统一称为"作文"不同的是，第一学段称为"写话"；第二学段和第三学段称为"习作"；初中阶段才称为"作文"，不同的称号对学生提出了不同的要求。

第三，"听说"转为"口语交际"。"交际"是一种崭新的社会观念的体现，相应地，教育内容也由简单的听说提升到口语应用能力。

第四，"综合性学习"这一新名词的出现。关于综合性学习的性质，人们尚未形成定论，有的认为是指教育内容，有的则认为是指教育组织方式。而大多数通常认为，综合性学习的"综合"指的是内容的综合，即学习是多学科或多视角的整合。

教育内容的调整应与教育观念的更新一样，引起语文教育工作者的高度关注，顺应时代发展的潮流与要求。

四、小学语文教育方法的选择

教育方法有四个层面。第一个层面是原理层面，具有纲领性和抽象性，如启发式教育法、对话式教育法；第二个层面是技术层面，具有中介性和中立性，如讲授法、谈话法；第三个层面是操作层面，如课文题解法、通过形声字识字法；第四个层面是技巧层面，是教育方法在具体场合的运用，体现出不同教师的个人色彩。在具体的教育过程中，"原理层面"要融入"技术层面"，通过"操作层面"得以体现，最后通过"技巧层面"进行落实。

而每个层面上的教育方法，都必须做到以教育内容为中心、以学生为中心。也就是说，每个层面上的教育都要符合教育内容的需要，符合学生的认知水平和发展规律，并适于教师个体进行取长补短，只有这样，才是好的教育方法。小学语文是小学阶段最重要的科目，教育内容十分丰富，涉及听说读写、古今诗文。教师在对教育内容进行充分研读的基础上，要考虑到学生的心理发展、对知识的接受程度，并在情境化、具象化、趣味化教育原则的指导下，把课堂中的教育发挥到"艺术"的境界。

五、小学语文教育评价的改革

"评价建议"在新课标中占了很大的篇幅，从中也可以看出教育评价改革的力度之大，如"量化和客观化不能成为语文课程评价的主要手段""应避免语文评价的烦琐化""形成性评价和终结性评价都是必要的，但应加强形成性评价""定性评价和定量评价相结合，更应重视定性评价""应注意教师的评价、学生的自我评价与学生间互相评价相结合""还应该让学生家长积极参与评价活动"，从多方面对之前的习惯进行了调整。

概括来说，小学语文教育评价的改革其实是在以下两个前提的指导下进行的：第一，语文具有人文性、实践性的特点；第二，学生是学习和发展的主体，教育应尊重学生的个体差异以及考虑到学生的学习需求。

（一）语文的实践性和人文性对评价的要求

"语文"作为一门课程，"语"字明确了对实践的要求，而"文"字无论从语源学角度来看，还是从作为语素构词所具有的意义，都与"人文"有密切的联系。因此，我们可以把实践性和人文性作为语文课程的两个特性，以及教师认识语文、实施评价的重要窗口。

由于语文具有实践性的特点，运用成了语文生命的集中体现。而运用又可分为外显的和内隐的，比如课堂内的口语交际与习作练习属于外显的运用，而阅读时的情感体验与语言积累则属于内隐的运用。实施评价之前，首先要对这两种实践运用加以区别，避免风马牛不相及的情况出现。

又由于语文具有人文性的特点，情意和志趣会贯穿语文教育的整个过程，并成为影响学生知识掌握和智力开发的重要因素。因此，在实施小学语文教育评价时，学生的学习动机与兴趣、情感态度、合作意识、创新精神以及在语文学习过程中形成的人生观、价值观等，都应成为重要的评价对象。

（二）学生的发展性与差异性对评价的要求

学生是发展中的人，语文教育应关注其发展性与差异性，这同时也是人本教育的内核。小学生往往对教师具有崇拜的心理，教师的一言一行常常会对他们的心灵产生重要的影响。因此，教师应充分认识到学生个体所具有的发展性与差异性，对其实施因人而异的科学评价，这将对学生人生的可持续发展具有重要的作用。

1. 学生的发展性与差异性

小学生的发展性。低年级段的小学生，心理特征带有明显的形象性、具体性、无意性，情感还处在比较低级的阶段，对自己情绪的控制能力比较差，虽然已经掌握了最基本的口语语法形式，但是理解书面语言和运用书面语言表达的能力比较低；中年级段的小学生，正处在心理与发展过程中一个转化和过渡的比较特殊的阶段；高年级段的小学生，初步具备了抽象概括的思维能力，但由于知识经验的限制，还无法进行那些和具体事物相距较远的高度抽象概括的活动，也只能对一些过程、结构简单的事物进行抽象概括；口头语汇更加丰富，对词与概念的理解日益丰富、深刻，可以凭借语言进行想象和有目的、按顺序、有选择地进行回想；独自的言语逐渐成为口头语言的主要形式。这些心理特征直接或间接地影响着小学生的学习，当然，与语文学习也有密切的关系。小学生发展的阶段性，是实施合理教育与评价的重要依据。

个体之间具有差异性，不同个体有着各自擅长的技能，而不同的技能之间并没有价值高低和品质优劣之分。在这种认知的引导下，有助于评价标准灵活变化，对学生实施更加宽容而合理的评价。例如在达标测试中，对由于自身状况未能按时达标的学生，为其提供异步达标的机会，在承认差异性的基础上帮助其找到问题所在，并加以改进，实行延迟评价。再如运用开放式问题对学生进行测评，由于答案不止一个，能够有效测出学生的思维水平和非认知领域的素质。总而言之，接受学生个体之间存在的差异性，认识到学生具有不同的智力、兴趣爱好、个性心理品质等，并通过科学合理的评价方法来激励他们扬长避短，是每一个合格教师的必备品质。

2. 学生的发展性与差异性要求评价多样化

语文和学生是评价的两个要素，对这两个要素有一个准确的认识，是进行教育评价的基本前提。在此基础上，教师可以根据具体情况实施多样化的评价。就目前而言，常用的评价方式主要可分为定量与定性两种。定量包括考试与考查，定性则包括评语、成长记录袋。

（1）定量评价

考试作为一种评价方式，是检测教育成果的重要依据。随着人们教育观念的改变，应树立先进的考试观，改革语文考试的内容。考试要与社会实际和学生生活经验紧密联系起来，对学生分析问题和解决问题的能力加以考查。另外，考试的形式应多样化，如笔试和口试相结合、闭卷和开卷相结合等，还可以让学生进行自主命题、自选试题等。

考查通常也含有考试的性质，但在成绩的评定上采用等级制。通过考查，通常能够对学生的观察能力、思维能力等非智力因素有一定的了解。考查的形式有口试、笔试（多为开卷）、调查和日常观察等。考查法要注意及时评价与分析，还要注意将日常考查和总结性考查结合起来，对学生的语文学习情况有一个全面认识。

（2）定性评价

评语法是最常用的传统定性评价方法，主要指运用口头语言或书面文字，对学生在语文学习中的表现做出评判，并得出相应的评价结论的方法。评语法包括口头评语和作业书面评语两种形式。其中，口头评语最为直接快捷，能够有效地将自评、互评、师评结合起来，进而对学生产生重要的影响。书面评语相对而言，具有一定的滞后性，常常要求评价妥帖、书写规范、风格自然。

成长记录袋又称"档案袋"，是颇受欢迎的一种定性评价方法。以往评价仅仅局限于语文书本，而成长记录袋评价方法将评价的角度拓展到课外、社会、家庭，甚至联系其他学科对学生的发展进行综合性的评价。语文成长记录袋通常有一个明确的主题，如语文各单项考核成绩报告单、研究性学习的小论文、诗文摘抄、获奖记录、作文集等，是学生在教师的引导下，有目的有计划地在语文学习实践活动中留下的串串足迹。因此，学生在创建语文成长记录袋的过程中，能清晰地看到自己的成长历程，感受自身语文素养的不断提升，减轻了盲目竞争带来的焦虑。成长记录袋的评价方法极具人文性，但是要在教师的指导下进行，尤其在班额较大的情况下，要避免成长记录袋在无人关注中走向自生自灭。

一直以来，教育界过多注重语文教育评价，尤其是对学生的学习结果的评价，认为"语文课程评价的目的不仅是为了考查学生实现课程目标的程度，更重要的是为了检验和改进学生的语文学习和教师的教育，改善课程设计，完善教育过程，从而有效地促进学生的发展"。因此，形成性评价与定性评价应该受到更多关注，而如何正确评价教师的教育已成为备受关注的问题。

六、小学语文教育资源的开发

只关注"教育大纲""教育计划"和"教科书"的传统课程观已不能适应时代的发展，新课改强烈呼吁教师树立课程意识，开发和利用多种教育资源。

对于小学语文教育资源的开发与利用，新课标的相关建议包括三点。第一，语文课程资源包括课堂教育资源和课外学习资源，例如：教科书、教育挂图、工具书、电影、电视、网络、报告会、演讲会、辩论会、图书馆、博物馆等。自然风光、文物古迹、风俗民情、国内外的重要事件等都可以成为语文课程的资源。第二，学校应积极创造条件，努力为语文教育配置相应的设备；还应争取社会各方面的支持，与社区建立稳定的联系，给学生创设语文实践的环境，开展多种形式的语文学习活动。第三，语文教师应高度重视课程资源的开发与利用，创造性地开展各类活动，增强学生在各种场合学语文、用语文的意识，多方面提高学生的语文能力。

随着课程标准的推出，"课程"意识逐渐引起重视，每一名教师都承担着课程资源开发的重任。对于课程资源，可以从以下四方面进行理解。

（一）语文教科书是最核心的语文课程资源

随着社会的进步，语文教材的概念不断扩大，包括教科书、教育指导书、课外读物、教育挂图、幻灯片、录音带、录像带等。但事实上最核心的语文课程资源仍然是语文教科书。

（二） 语文教师和学生等是极为重要的人力课程资源

语文教师、学生、家长、语文学科研究者、作家等人力资源也是十分重要的课程资源，在整个语文教育过程中有着不可忽视的作用。教师和学生本身就是很重要的课程资源。教师的学识、思想品质、道德修养等，在学生眼中，都是学习的典范，是活的课程资源。而学生的个性与差异性，对教师而言，也是重要的可参照的课程资源。

（三） 教育硬环境是不可忽视的语文课程资源

如果说人力课程环境被视为教育软环境的话，那么教室、校园、社区等则是与此相应的教育硬环境，具体包括以下几个层次。教室里的特色角，如生物角、展示角、图书角等；学校里的图书馆、资料室、电子阅览室、布告栏、报廊等；社区里的博物馆、展览馆、科技馆、自然风光、文物古迹等，都是可以利用的重要的课程资源。

（四） 在广泛开发课程资源的同时应做到合理利用

随着课改的不断深入，越来越多的教师对新课程观有着更加深刻的理解，他们意识到对课程资源进行开发和利用的重要性。在教育过程中补充相关的资料，引进其他学科的知识，运用多媒体设备，将会极大地拓展教育空间。需要注意的是，在对课程资源进行广泛开发的同时，还应合理地利用。

1. 结合教育实际

在教育过程中，在对课程资源进行利用时，应综合考虑教师教育修养的现实水平、学生的实际情况、具体的教育目标与教育内容等。

2. 紧扣语文特点

新课标要求语文教育应注重课外资源的引入以及学生的自主合作学习，因此，小学语文课堂变得丰富而热闹，形式多样化。不少教师为了激发学生兴趣，使课堂变得丰富多彩，常常精心制作课件，以至于上课时学生很少有时间读书，也很难认真去品味语言之美。由此可见，流于形式的自主合作探究使得语文课堂忘记了语文最本质的要求，成为脱离言语活动的游戏课堂。

3. 加强整合与提炼

教师常常让学生课前搜集资料，但在课堂上交流时，学生准备的资料大多派不上用场，甚至连展示的机会都没有。而那些在课堂上用到的资料，也由于在事前缺少整合与提炼，无法达到应有的效果。因此，如果在课堂上需要用到某些相关资源，在使用前应先进行整合，提炼转化成自己的语言。

第二节　小学语文教育的中观策略

一、学期教育计划的制订

（一）学习课标，领会纲领

学校在制订学期教育计划时，会参考一定的课程标准。课程标准是根据党的教育方针和教育计划，由国家教育行政部门制定和颁布的教育工作指导性文件。它对各个学科的课程性质、课程理念、课程目标以及各学段教育目标的设置都有一定的指导作用。语文教科书也是在语文课程标准的指导下完成编写的。语文教师只有领会了语文课程标准的精神，才能为学生制订合理的教育计划，正确把握教育的内容。

（二）熟悉教材，统观全局

小学语文教师必须在把握语文课程标准的基础上熟悉语文教材，从整体上把握语文教材的内容、编写体例、各单元之间的联系，明白编者对各单元课文编排的意图，力求对教材的系统性进行一个全局的把握，做到心中有数、有的放矢。除此之外，教师还应尽可能地对教材的前一册和后一册进行通读，使自己能够对前后的知识点进行串联，更加系统地把握整个语文教材。

（三）了解学生，掌握情况

教师对学生全面清楚地了解，才能更好地掌握每个学生的特点，做到"因材施教"。如果自己的学生是一年级学生，那么教师在有可能的情况下还应该对每个学生的家庭进行了解。教师对学生的了解应该包括以下几方面，如学生的性格特点、兴趣爱好、原有的知识基础、生活习惯以及家庭环境、家长的教育方式等。如果教师是在中途接管一个新班级，那么应在学期开学前对这个班级学生的情况进行全面了解。诸如学生的学习态度、对语文课程的认识、学生原有的知识水平、学生之间的差异等。了解新班级的具体方式有：召开学生座谈会，分析学生上学期的试卷，征求学生意见等。即使是一个连任的班级，教师在学期初也应对学生的情况做一次总体分析。

（四）统筹兼顾，制订计划

教师在全面统筹的基础上，制订合理的学期教育计划就显得非常重要。具体来说，学期教育计划的内容包括以下五方面。

1. 分析班级情况

主要是指教师分析学生的基本技能、基础知识、学习习惯等情况。同时，教师还要分析班级的学期发展情况，甚至是学年的变化情况。

2. 分析本学期教材内容

主要是指教师对教材的分析情况。具体来说教材分析包括以下几方面：教材内容，课后练习，单元顺序的特点、目的、作用等。

3. 明确本学期教育总目标、教育重难点

在课程标准的指导下，教师要从全册教材内容和特点出发，制定符合学生实际的教育总目标及教育重难点。

4. 制定提高教育质量的措施

教师应该定期实施一些教育措施来提高教育质量，如制定相应的方法来帮助成绩较差的学生，培养学生的学习兴趣及学习习惯，制定正确有效的课堂提问策略等。

5. 制定合理的学期教育进度

制定合理的学期教育进度包括教育内容、教育要求、课时数、教育准备等内容。

二、单元教育计划的制订与实施

单元教育计划对课时教育计划起着重要的指导作用。通常情况下，单元教育计划包括本单元教材简析、教育目标、教育重难点、教育进度安排等内容。在制订单元计划时，教师应注意以下三方面的内容。

（一）正确理解教育单元

小学语文教材的教育单元在编排上大多是通过某一专题达到让学生识字写字、口语交际、写作练习的目的。教育单元的安排具有一定的灵活性，教师可以根据教育对象及教育条件的不同，对同一教育单元做出不同的安排。

（二）明确制订单元计划的步骤

制订单元计划的步骤，应从以下三方面进行：

第一，研读单元教材内容。教师应了解各单元的教育内容以及各单元之间的相互联系，明确单元内容的教育目的及教育重点等。

第二，明确单元教育目标。教师应提出识字写字、阅读、习作、口语交际、综合性学习五个方面的学习目标，结合教育实际以及本单元的相关内容来制定合理的教育目标。

第三，制定合理的单元教育进度，形成相对完整的学习内容体系。

（三）明确制订单元教育计划的基本要求

制订单元教育计划，应该明确以下两方面的要求：

第一，要有明确的目标。教师要始终明确教育单元的学习目标，包括知识与能力、过程与方法、情感态度与价值观等。

第二，教师要合理安排教育时间，并对教育时间留有一定的余地。

第三节　小学语文教育的微观策略

小学语文教育微观策略多指课堂教育中的策略，即在一堂课的教育目标已经确定之后，有针对性地组织教育的决策和设计。在此过程中，教师随时要解决课堂上学生学习动机、注意力、思维、情绪、学习节奏等问题，处理课堂上的意外事件。

一、小学语文课堂教育的基本环节

课堂教育环节的划分，因课型的不同而有所不同。依据课型，课堂教育可分为新授课、练习课、复习课等。

（一）导入

导入即导入教育内容。导入这个教育环节所起的作用有很多：如它可以安定学生的情绪，把学生的注意力集中起来，把学生的学习兴趣激发出来，并向学生明确学习目的，建立知识间的联系。导入的形式多种多样，如直接导入、联系旧知识导入、利用名言警句导入、设置悬念导入、故事导入、创设情境导入、审清题意导入、实物演示导入等。无论选择什么样的形式，都要有目的性、针对性、启发性和趣味性，让学生明白本课堂将要学什么、为什么学、怎么学。

设计、运用好导入，就代表教育成功了一半，它需要教师对教材有深刻的理解，并要进行精心的再创作。教材内容和学生的实际情况是选择导课形式和方法的主要依据，因此不可随意、轻率。导入在语言方面要做到精练，设问或讲解能引人入胜，激起学生的学习情趣和学习动机，让学生的情感和注意力迅速指向所学内容。导入的时间要把握好，不能太长，控制在 2~3 分钟即可。如果导入时间太长，就会喧宾夺主，影响下一个环节的进程，进而影响新课的教学。

（二）教授新内容

教授新内容是上课中的主体环节。在这个环节里，教师要注意抓住教育重点、难点，以便对学生进行语文基本功训练。在这个环节里，教师要注意师生、生生之间的互动，把提问、讲解与学生读书、思考、讨论、探究进行有机的结合，以协调发展学生的知识能力与方法、情感与价值观。检查预习和围绕教育重点、难点分步实施教育是教授新内容这一教育环节的必经过程。

1. 提问

提问，即教师在课堂教育过程中为了引起学生思考及其言语反应，有意有目的性地向学生设置问题，以达到教育目标的行为方式。可以说，设计、运用好一连串精彩的问题，是一节好的语文课的重要标准。由此可见，在小学语文课堂教育中，提问有着非常重要的意义。

2. 讲解

讲解，即教师在课堂教育过程中直接运用语言向学生传授知识的教育行为。讲解，可以启发学生的思维，表达教育思想。课堂讲解的语言要求准确、形象、具体、生动，以能在较短的时间内达到向学生传授全面而广泛的知识；讲解应该把难以理解的、枯燥乏味的问题变得通俗易懂、生动有趣；讲解应该把看不到的情景描绘得栩栩如生。优秀的讲解，可以陶冶学生的感情，激发学生的求知欲，提高学生的审美情趣等。

3. 板书

在教授新内容这个环节里，教师除了向学生设计必要的提问，进行讲解外，还应板书一些必要的知识点。

实际上，更为重要的是，教师应把读书贯穿课堂教育的全过程，引导学生在读书中思考，并积极地进行讨论和探究问题，以尊重学生在课堂教育过程中的独特体验。

（三）结课

教师在完成某项教育任务后，需要对教育内容进行总结和归纳，转化升华。这种教育行为就是结课，即课的收尾，也叫断课，或教育小结。结课所花费的时间不应该也不能太长，几分钟即可。结课在课堂教学中有着很重要的作用。它相当于聚光灯，将学生的知识聚集起来，帮助学生把感性认识上升为理性认识，使学生能够掌握所学内容，难以忘记。

结课的形式多种多样，有总结式、畅想式、悬念式、抒情式、表演式、激发式、欣赏式、延伸式等。至于选择哪种结课形式，其重要的依据就是教育内容和教育对象，使内容和形式达到统一。

二、小学语文课堂教育的预设与生成

一般而言，课堂教育是预设的，也就是说，一堂课的教育过程，需要预先进行精心的设计，成为教案，然后实施。然而，由于教育工作对象是人，人本身又具有能动性，这就决定了课堂教育有生成性，传统教育主要以凯洛夫等人的"三中心"教育论（"教师为中心""书本为中心""课堂为中心"）为指导，即便如此，课堂教育也存在一定的生成。新课改之后，人们更加强调学生的主体意识，因而也就更凸显了课堂教育的生成性。然而，"预设"与"生成"并不是矛盾关系，而是反对关系；"合理预设"是"优质生成"的必要条件。

（一）"预设"与"生成"不是矛盾关系而是反对关系

凸显、强调"生成"，并不必然地要淡化"预设"。从逻辑的角度来看，"预设"与"生成"并非互不相容，并非矛盾关系，而是反对关系。一般而言，"预设"是提前设置，"生成"是在具体情境中自然长成，实际上二者却是共存的。"生成"并不是毫无基础，它不能离开"预设"。"预设"由"生成"实现，"生成"诞生于"预设"之上。

（二）"合理预设"是"优质生成"的必要条件

"预设"是"合理"的，它是符合学生、教材、教师的实际情况的教育设计；"生成"是"优质"的，它是根据课堂的实际情况及时做出科学的反馈与修正。在教育实践中，"合理预设"是"优质生成"的必要条件。从教育论意义的角度来看，成功的教育活动都离不开充分的准备，或者说备课。教育者如果对教育内容、教育对象及自身都没有足够的了解，那么很难上出一堂优质课。因此，没有"合理预设"，就没有"优质生成"，前者是后者的必要条件。

对于一个教师来讲，课备得科学又合理，他在课堂上就应该是发挥得游刃有余，能够及时关注到学生的当堂反应，并有能力处理课堂的一些意外事件，做到教育最优化。但是，也并不都如此。比如有的教师认为自己的备课已经做得非常好了，结果在课堂教育过程中忽视学生作为人的鲜活个性和思维活跃性，还有可能处理不好一些非教育意义的课堂突发事件。这些都会影响"优质生成"的效果。

综合上述认识，"预设"与"生成"的关系是并存的。从广阔的视野来看，如果没有合理的课前准备，也就不会产生优质的课堂教育；当然，做好了课前准备，也并不必然能生成一堂优质课。

小学语文课堂纵然有自己的特色，但就"预设"与"生成"的关系而言，它与所有课堂又是一样的。因此，从逻辑的角度来认识"预设"与"生成"的关系，这对小学语文教师理清新课改观念是非常有帮助的。

三、小学语文课堂教育的反思

教育反思主要是对活动进行逆向思考和对之前的状况进行思考。要实现教育优化，必须进行教育反思，而教育优化又是教育反思的促进动力之一。

（一）教育反思的意义

第一，教育反思是教育优化的必由之路。从辩证唯物主义认识论的角度来看，人类要经历"实践、认识，再实践、再认识"的过程才能更好地认识客观事物。积极反思是人类进取的标志。教育反思包括反思教育活动本身、反思自身素养、反思教育材料。教师积极地进行教育反思，有助于培养学生的反思意识和能力，有助于学生语文素养的全面提升。

第二，教育反思是教师专业化的需要。一个教师的成长＝知识+经验+反思。反思属于元认知，是一种体验后的调控。通过积极有效地反思，可以不断更新教师的教育观念，改善其教育行为，提升其教育水平；通过积极有效地反思，教师可以在学生的"错误"、自身的"失败"、教材的"局限"中寻求发展、出路和进步；通过积极有效地反思，教师可以从冲动的、例行的行为中解放出来，实施教育行为时更加审慎；通过积极有效地反思，还可以使教师从教育主体、目的和工具等方面，从教育各个环节中获得体验，变得更加成熟。因此，教师取得特定实践成就、走向解放和专业自主的重要途径就是进行积极有效的教育反思。

（二）反思的主要内容

1. 学习内容的反思

人们提倡"要打破唯教材中心论""要创造性地使用教材"的教育理念。但也应该看到，这种教育理念倡导的前提是教师必须深入地钻研教材、理解教材。如果片面地理解"创造性地使用教材"，甚至抛开教材进行发散，就很可能走上另一个极端；如果随意地拓展知识内容，忽视语文课的本体训练，那么，就很难把语文教育的质量提高。因此，教师应重视对学习内容进行积极有效的反思。

2. 学习方式与教育组织的反思

关于学习方式与教育组织的反思，主要针对的是现实中教育者对学生学习"自主""合作学习"的异化与还原。

（1）"自主"的异化与还原

在如今的教育实践中，课堂教育方面存在一种教育者片面追求"个性化"教育的倾向。例如当今阅读课上，流行的是让学生自读课文、自定学习内容、自选学习方法。表面上看，这似乎是高扬了学生的主体精神，把认识活动提升到了生命活动。然而，"自主"并不等于"放任自流"。从人性的角度来看，小学生是自主选择了，但在选择的过程中通常是避难就易，从而也就无法达到培养小学生主体精神的目的，影响大多数小学生的学习，导致课堂教育质量无法得到有效的提升，甚至出现直接下滑。

学习者要做到自主学习，要求其心理达到一定的发展水平，要具有内在的学习动机，并具备一定的学习策略。因此，小学生的自主学习是在自我意识充分发展的基础上，明确自己学习行为的目的性，并有能力自觉监控自己的学习活动。而这些也都离不开教育者的引导。

（2）"合作学习"的异化与还原

在当前的课堂教育改革中，"合作学习"的主要形式就是把学生分成若干小组学习，这被广大教师所采用。然而，在实际的课堂教育过程中，不少教师对合作学习的理解是比较僵化的，只是片面地追求所谓小组学习的形式，其进行的一些合作与探究毫无意义。

因此，合作学习应该有自己的组织原则与组织时机。

合作学习的组织原则：合作学习的前提是要有独立的思考，合作时有明确论题及组织，小组中所有学生都要真实参与。

合作学习的组织时机要准确把握、运用。一般而言，当课堂教育中出现以下几种情况时，就可以考虑使用合作学习。

第一，出现了新知识，需要培养探索、合作能力。

第二，遇到了所有学习者都期盼解决的问题，而仅仅依靠个人能力无法实现。

第三，学习者意见不一致，且存在争论。

总之，小组式合作学习并不是用得越多越好。使用小组式学习时，应该充分考虑学生的学习习惯、学习能力等因素，相机合理组织，从而更好地发挥小组式合作学习的理想作用。

3. 自身语文素养的反思

与其他教师不同，小学语文教师的素质要求并不以知识为主体，而是以运用语言的能力为主体。因此，小学语文教师应做到以下四点：

（1）掌握一定的语言文字知识

小学语文教师需要掌握一定的语言文字知识，如现代汉语词汇、语法、语用知识，现行汉字基本知识中的造字法、汉字结构、汉字规范化知识、词源知识等。掌握了这些知识，有助于语文教师理解教授词义、上溯字源，了解词与词之间的关联，建立词义系统结构。

（2）锤炼口头表达能力

口头表达能力既要求"语音标准"，又要求"情感丰富"，而具体到小学语文教师的识字教育中，更为重要的是语音标准。毕竟小学生重要的任务正是学习语言，其年龄阶段也是学习语言的最佳时期，小学语文教师特别是启蒙教师，其普通话水平对小学生的发音标准程度产生直接的决定作用。对此，小学语文教师应努力克服方言语调，确保自己的普通话水平达到二甲以上。另外，无论是课堂上还是在与学生交流的日常生活中，都要坚持讲普通话。至于"情感丰富"这一要求，应直接体现在教育常规语言中，同时还应该集中表现在态势语辅助汉字教育中。小学语文教师应该有意识地使自己的表达"情感丰富"，对学生产生感染力。

（3）提高板书能力

小学语文教师应具备一定的板书能力，其最低要求就是不能写错字，笔顺也要做到规范。此外，要保证使用楷书来书写，争取做到有力、个儿大，便于学生辨识，从而减轻视觉的疲劳。

（4）提升思维品质，做创新型教师

小学生正处于好奇心、探索欲特别强的年龄阶段，如果小学语文教师不经常思考，就可能会对学生提出的问题回答不上来，也无法指出大致的思考路径。这不仅影响到小学生当时的兴趣保持，也很难培养其创新思维。经常进行思考，积极进行创新，这关乎一个教师的教育态度与能力素养。

四、小学语文课堂教育实务管理策略

（一）学生学习动机管理策略

小学语文课程与教育致力于培养学生的语文素养。然而，在小学生的意识里是没有什么语文素养概念的。也就是说，小学生没有自觉地想到要提高自己的语文素养，对自己学习语文的目的、动力认识很模糊。因此，教育者在语文课堂上应加强对小学生学习动机的管理，其具体策略可参考以下两点。

1. 从语文课堂教育的整体视角看

从语文课堂教育的整体视角看，管理学生的语文学习动机重在培养，首先是调整语文课堂教育的目的，其次是课堂教育应突出年段特点。

（1）调整语文课堂教育的目的

从语文教育整体视角来调整语文课堂教育的目的，是管理学生语文学习动机的出发点。语文教育以热爱为目的，就可以超越认识的局限性。因为这样可以升华其他目的。创造过程有三个阶段：第一阶段是即兴，第二阶段是酝酿，第三阶段是灵感。这三个阶段就是人的兴趣不断升华的过程，在此过程中，热爱可以保持和增强兴趣，从而实现创造更内在的动力。

由上述可知，语文教育以热爱为目的才能真正创造语文，也只有以兴趣和激情为始点，才能发生创造。

（2）语文课堂教育应突出年段特点

在小学阶段，低年级和中、高年级语文课堂应该符合相应阶段学生的学习特点和学习水平。例如低年级的小学生还处于"游戏时期"，对于现实与虚拟之间的不同还不能很好地进行区分，他们对情境饶有兴趣，并喜欢通过游戏的方式学习。因此，对于低年级的小学生语文课堂教育，应该突出趣味性，以此培养他们热爱语文、学好语文的动机。中、高年级的小学生，游戏因素在他们兴趣上的作用逐渐降低，语文课堂就应趋于理性。

2. 从语文课堂教育具体操作方法看

从语文课堂教育具体操作方法看，管理学生的语文学习动机重在激发。为此，教育者在课堂教育中应做到以下三点。第一，注意教育的良好开端，激发学生学习兴趣；第二，科学地组织安排教材，注意教育内容的新颖性；第三，端正教育态度，建立良好的师生关系；第四，及时表扬和奖励学生，使他们进入学习的良性循环。

总之，管理学生的学习动机，就要做好培养和激发两方面的工作。

（二）学生注意力管理策略

小学语文课堂教育中，学生注意力的管理既要遵循小学生的心理特点，也要遵循语文教育的规律。小学生注意力的发展主要表现在注意的自觉性和注意品质的完善程度上。具体表现为：第一，有意注意逐渐发展，无意注意仍起作用；第二，注意的范围仍有限；第三，注意的集中性和稳定性较差；第四，注意的分配和转移能力较弱。因此，小学语文课堂上，教师管理学生的注意力应做到以下五点：一是要充分利用无意注意，激发学生的学习兴趣；二是启发有意注意，培养学生学习语文的自觉性；三是多用暗示的方法去组织学生的注意力，如利用手势、提高音调、行间巡视或个别指点等；四是多用眼神调节学生的注意力；五是应注意严格有度。

在课堂教育操作方法上，管理学生的注意力可采用以下策略：

第一，把握最佳时间——集中学生的注意力。

第二，搞好形象直观的演示——吸引学生的注意力。

第三，进行多种形式的练习——稳定学生的注意力。

第四，巧用课间律动——避免学生注意力分散。

第五，让学生主动参与学习——保持学生的注意力。

（三）学生思维管理策略

课堂中管理学生的思维，所要面临的现实基础是：小学生思维是感性成分多，理性成分少；形象成分多，抽象成分少；群体中个体思维差异较大，发展不平衡。为此，教育者应激发、鼓励学生思考，创造条件促使学生思考，使其从具体形象思维向抽象逻辑思维过渡，关注学生思维的敏捷度、灵活度以及思维的深度与广度等，让学生在语文学习中形成具有个性的创新思维方式。

（四）学生情绪管理策略

在小学语文课堂中重视学生的情绪管理，有利于学生身心健康，也有利于课堂教育的高效。小学语文课堂上管理学生的情绪首先是预防学生不良情绪的发生，为此就要弄清楚引起学生不良情绪的因素，善于发现学生的不良情绪，并给予高度的重视，帮助学生培养积极健康的学习和生活情绪。其具体策略如下：第一，从学生的层面体察语文，语文是学生形成良好情绪的教科书。教育者应该善于通过课文中典型人物的言行举止，让学生认识到真善美和假丑恶，从而使其获取正确的价值观，产生向上的积极情绪。第二，教育者在语文课堂上应充分运用表扬奖励等手段，可以较好地管理学生的情绪。第三，建立民主、平等的师生关系，建设平等和谐的课堂文化可以帮助学生养成积极健康情绪。第四，语文课堂上多给学生提供积极的情绪体验。第五，通过课堂制度培养小学生控制和调节情绪的能力。第六，建设良好的课堂生态环境，使学生更容易产生积极的情绪。

（五）学生学习节奏管理策略

小学语文课堂上管理学生学习语文的节奏，就是要让语文课堂教育节奏符合学生学习语文的规律，符合学生年龄特点。一堂优秀的语文课，其节奏应该是动静结合、张弛有度、疏密相间、起伏有致、整体和谐。

（六）意外事件的应急处理

在课堂教育上，经常会出现各种意外事件。有的意外事件来自学生思想的旁逸，对此，教育者应怀着一种尊重之情来处理。有的意外事件是因学生出错。但是，这种错误可能就是一次非常好的教育契机。教育者应该用宽容之心、慈爱之情，从学生的错误中敏锐地获取合理的因素，化"错"为"对"，激活教育，让学生从错误中生出智慧。此外，有的意外事件还来自学生行为失当，来自特殊的学生，来自教师的言行失误，甚至可能与课堂教育内容无关。教育者无论采取什么具体的策略处理课堂上这些不可避免的突发事件，都应该遵循以下原则：第一，正视意外、善待意外；第二，尊重学生、理解学生；第三，自我批评、加强修养。

第二章　小学语文教学设计

第一节　教学设计的概念、特征与分类

一、教学设计的概念分析

(一) 教学设计有广义和狭义之分

从内容上看，教学设计有广义和狭义之分。广义的教学设计指的是把课程设置计划（总体规划及各门具体课程计划）、课堂教学过程、媒体教学材料看作教学系统的不同内容层次所进行的系统设计；狭义的教学设计就是指对某一门课程或某一教学单元、单课或某一项培训这些较小教学系统的设计。无论是广义还是狭义的教学设计，一般都包括目标、内容、结构、课时、方法、媒体、场所、人员、测验等组成部分。若没有特指，学校中的教学设计是指教学单元或单课的设计。

(二) 教学设计是由一套系统化步骤 (或程序) 构成的过程

教学设计就是运用系统方法分析研究教学过程中相互联系的各部分的问题和需求，在连续模式中确立解决它们的方法与步骤，然后评价教学成果的系统计划过程。"教学设计"一词包括教学系统开发过程的所有阶段（分析、设计、开发、实施和评价）。"设计"一词既指整个过程，也指其一个主要的子过程。它是一套帮助教师系统化地准备教学、对教学系统做出决策的方法。从方法角度给教学设计下的定义还是以加涅的表述最为简洁。教学系统就是促进学习的资源和步骤，因此，对用以促进学习的资源和步骤做出安排就是教学设计。

（三）教学设计是解决教与学问题的过程

任何教学设计理论的基本前提都是为学习者的学习而设计教学，从这一点来讲，学习者的学习问题就是教学设计者应解决的根本的教学问题。除此之外，为了解决学习问题而必需的各种条件（如资源、媒体、环境等）方面的问题也构成了设计所必须面对的教学问题。那么，什么是"问题"呢？问题就是人不具备跨越所在的此岸与欲去的彼岸之间裂缝的方法时所处的一种情境。因此，教学设计为了解决各种教学问题，跨越"裂缝"，就必须理解教学问题的实质，发现解决教学问题的途径，然后提供解决教学问题的方法。

二、现代教学设计的主要特征

（一）教学设计是"以学习者为中心"

正如其他设计行业的生命力在于"以用户为中心"一样，教学设计的生命力在于"以学习者为中心"。这是现代教学设计最本质也是最显著的特征。"以学习者为中心"表达的是以人为本、基于学习与知识创新的现代教学设计理念。"以学习者为中心"的教学设计意在强调把学习者而不是把某 ID 模型的程序作为教学设计活动的聚焦点，一切设计活动均围绕有利于学习者学习与发展的教学实践而展开，而不是依照设计的流程而展开。"以学习者为中心"的教学设计关注人类学习研究的新成果并以教育发展的系统科学观为基本依据。"以学习者为中心"的教学设计强调要以学科内容知识为依托，通过设计各种促进学习的过程和资源，帮助学习者有效地解决问题，引导他们树立创新意识，实现整体和谐发展。一言以蔽之，有利于学习者的学习与发展，既是现代教学设计的基本出发点，也是现代教学设计的目的地，实现这一目的的道路在于：通过对课程教学的重构，实现对学习的重构。

（二）教学设计是目标导引的

界定明确的项目（如教学任务）目标是教学设计过程的中心。目标要反映用户（如教师或学生）对项目的预期，且必须得到所有设计成员的认同。在目标的指引下，要对目标的实现做出清晰的安排和管理，以保证项目的适当实施。目标也是评价一个设计项目是否成功的根本参照。制定目标不是为了限制学习者的活动，而是在于连接学习环境中的各个子系统，对学习者的问题解决进行导航，使学习者有限的认知资源聚焦于主要任务，激励各种社会性的协作，调动各种可利用的资源支持。

（三）教学设计关注真实世界中的表现

教学设计的优势功能并不在于帮助学习者简单回忆信息或者运用某种规则，而在于帮助学习者更好地完成将会在真实世界中发生的行为。为此，设计者要给学习者阐明学习目标，而且这些目标必须表明期望学生运用所学知识和技能的环境。这样，就要求学习环境和实际任务场景具有高度的一致性。盛行于美国职业培训领域的基于计算机的绩效技术，意在将不同领域人类解决问题的优秀经验设计成各类培训目标并提供达到目标的知识库与策略库，再通过各种媒体技术创设资源集约化的培训（学习）环境，来增进人类学习与工作绩效和提高培训的绩效。

（四）教学设计强调评价手段的信度和效度

现代教学设计的评价环节强调要对学习者的各种"表现"做出适当的评价。这就要求设计者开发的评价工具必须是有效的和可信的，亦即评价手段跟学习内容及学习者表现是一致的，评价结果在不同时间和对不同个体是稳定的。信度和效度互为前提保证，如果评价是不稳定的，则无效度而言；当然，一种与学习内容不一致的评价，自然不可信。比如，针对技能型任务学习的评价，要设计一套供评价者观察学习者在完成任务的过程中展现各步操作技能的客观性标准，这些标准依照任务类型及要求而定，不因人而异，也不因时间、地点而异。而若用纸笔测验来检验技能型任务学习则是无效评价。

（五）教学设计是经验性活动

数据收集是教学设计过程的基本活动，从一开始的分析阶段到项目的实施阶段，数据收集贯穿教学设计过程。数据为制定决策提供了合理的依据，也为成功地完成项目奠定了基础。因此，设计与实施是整合的、不可分割的，关于设计本身最有价值的认识往往来自启动与实施设计项目过程中的经验，实际场景中的实施和基于理论的设计是同等重要的。所有设计规划都需要在具体的实施中去修正、完善，或者抛弃。

（六）　教学设计是典型的多学科交叉的团队协作活动

教学设计通常需要借助团队的集体努力，需要具有不同专门技能个体的共同参与，甚至需要用户的参与。学科专家、专业教学设计者、计算机程序员、图形艺术设计师、制作人员、项目管理者等，往往是一支专业设计团队必不可少的成员。

三、教学设计的分类

按照不同的分类标准，教学设计可以做不同的分类。

（一）　按设计行为所涉对象分

按设计行为所涉及的对象，教学设计可以分为三类：自我设计、对象性设计和互动设计。

教学设计活动涉及自我设计、对象性设计和互动设计。从教师的视角考察，考虑教师如何教学、教什么的属于自我设计；主要考虑学生如何学、学什么的就属于对象性设计；而主要考虑教与学、学与学如何互相适应的设计则属于互动设计。

（二）　按设计行为所涉过程分

按设计行为所涉过程，教学设计可以分为三类：事先设计、事中设计和事后设计。

事先设计又称预设性设计，事中设计也称生成性设计，事后设计又称反思性设计。预设性设计属于结果性设计，事中设计和事后设计属于过程性设计。教学设计活动通常为过程性设计与结果性设计的综合。

（三）　按设计行为的层次分

按设计行为的层次，教学设计可以分为宏观设计、中观设计和微观设计。

将课程设置的总体规划及各门具体课程计划、课堂教学过程、媒体教学材料视为教学系统的不同内容层次而进行的系统设计即为宏观设计。宏观设计以课程计划、课程标准和教学模式为成果表现形式。中观设计则是依据课程计划、课程标准，针对某一门课程的设计，通常以教材为成果表现形式。微观设计是依据教材及相关教学资源，对某一学期、某一单元或某一课时而进行的系统设计，成果的主要表现是教学方案。

尽管作为教师需要对宏观、中观和微观三个层次的教学设计都有所了解，但从教学实践看，教师主要还是关注微观层次的教学设计。

（四）其他分类

教学设计还可以从其他角度以不同的标准进行分类。按设计行为是否涉及情境，教学设计可以分为境遇性设计和去情境设计；按设计行为的意图可以分为有为设计与无为设计；按教学内容和对应的时长可以分为学期教学设计、单元教学设计和课时（课堂）教学设计；按教学设计所涉的要素可以分为教学目标设计、教学内容设计、教学过程设计、教学方法设计等。

第二节　小学语文教学设计的原则

教学设计是教育技术的重要组成部分，是教学工作的基本环节，是连接教学理论和教学实践的桥梁。课堂教学设计是教学设计中最基本的内容，它直接作用于课堂教学，决定着课堂教学效果的优劣。随着教学改革的不断深入，越来越多的教师认识到教学设计的重要性，自觉地将教学设计原理应用于教学活动之中。教师在进行教学设计时，必须遵循一定的原则对课堂教学活动中的功能要素进行合理的统筹安排，以保证课堂教学活动获得最佳的教学效益。小学语文课堂教学设计的基本原则可以从整体设计原则和各要素设计原则分别考察。

一、整体设计原则

（一）系统性原则

系统论的观点认为，系统就是由其内部相互联系又相互作用的要素结合而成的功能整体。课堂教学活动就是由教师、学生、教学媒体、教学方法、教学内容等要素构成的具有教学功能的整体系统。

课堂教学设计就是应用系统的观点，从整体的角度出发，对课堂教学活动中的基本要素以及各要素之间的相互关系进行认真的分析研究，比较各种不同要素组合产生的效果，从而选择最优的教学方案，获取最佳的教学效益。教师在进行课堂教学设计时，必须运用系统的方法分析教师、媒体、学生、教学方法和教学内容等要素在课堂活动中的地位和作用，明确各要素之间以及各要素和整个教学系统之间的相互关系，从而确定教学目标，选择教学媒体，制定教学策略，以求实现教学系统的功能最优化。

在课堂教学活动中，媒体是教育信息的载体，它的作用就是用来传递教学内容，教师在进行媒体设计时，必须从整个教学系统考察媒体和教师、学生、教学内容等教学要素之间的相互关系，明确媒体在教学系统中的地位和作用，根据教学目标的需要制订最适合学生学习的媒体方案；如果不从系统整体的观点出发，只是孤立地考虑课堂教学活动中的某一方面，简单地满足某种需要，就不能够达到优化课堂教学的目的，有时甚至会对课堂教学形成干扰。

（二）综合性原则

课堂教学设计不同于传统的教学计划。传统的教学计划是教师根据对教学内容的分析研究，安排向学生讲授知识的具体方案。由于它把教学过程单纯当作教师向学生传授知识的过程，把计划的核心放在教师的教法上，必然导致"填鸭式""满堂灌"的弊端。正确的做法是将教师的"教"和学生的"学"统一起来综合考虑，用教和学的理论共同作为我们设计教学的理论基础。因此，教师在进行课堂教学设计时，既要考虑自己的教法，又要考虑学生的学法；不仅注重向学生传授知识，而且注重开发学生的智力，培养学生的能力，使教学活动由传统的重视知识传授转变成知识技能的传授与学生智力和能力的开发相结合，使学生能够得到全面和谐的发展。

教学过程是教育信息的传播过程，学生是教育信息的接受者。注重课堂教学设计的综合性，就必须重视学生和教学媒体之间的相互作用。这就要求教师必须认真分析学生的特征，根据不同学生的知识结构、能力水平和心理特点，有针对性地制定教学目标，选择教学媒体，设计教学过程，充分调动学生的学习兴趣和参与意识，使每个学生都能在智力和能力上得到发展。

（三）方向性原则

教学目标是课堂教学设计的基本内容。它既是教学活动的出发点，又是教学过程的指南，同时也是评价教学效果的依据。教学目标具有较强的针对性，对教学过程中教师、学生和媒体之间的相互作用规定了明确的要求。根据美国教育心理学家布鲁姆（Benjamin Bloom）的学习理论，教学目标可以划分为三个不同的领域，即认知领域、情感领域和动作技能领域。教师在制定教学目标时，必须根据教学大纲的要求和学生的不同特点，将教学内容每个知识点的学习目标转化成学生具体的行为目标，力求使学生能将不同层次的教学目标说出来、写出来或者做出来，便于教师对教学效果进行检测和评价。

教学目标的表述具有一定的规范性。它包括四方面的要求：目标的主体；目标行为内容；目标完成的条件；目标完成的标准。

（四）媒体组合性原则

不同的教学媒体具有不同的功能特性，同时也都存在各自的局限性。传统教学媒体与现代教学媒体，或者各种现代教学媒体之间都不能相互替代。因此，教师在进行课堂教学设计时，必须对教学媒体进行优化组合。教学媒体的优化组合具有以下原则：

1. 服从教学目标的需要

教学目标是课堂教学系统的核心，而教学媒体仅仅是传递教学信息的工具。教学媒体的选择、使用和组合都必须服从教学目标的需要。比如为了提高学生的外语听力水平，选用语言实验室进行听音训练效果较好，而要让学生了解异域的风土人情和生活习惯，则选用动态影视媒体进行情景教学效果最佳。

2. 充分发挥媒体特长

围绕教学目标选择教学媒体时，必须根据不同媒体的功能特性，充分发挥媒体的特长，选择使用最能表现相应教学内容的媒体种类，并且要注意传统媒体和电教媒体之间的组合，通过优化组合达到媒体功能的相互深化和补充。

3. 符合教育心理原则

学习过程不是对知识的被动接受，而是一个学生主动选择的过程。因此，教学媒体的组合运用应该遵循认知的规律，根据学生的生理和心理特点，以及不同的知识结构和智力水平，充分利用媒体手段来激发学生的学习动机，保持学生的注意力，避免对学生的学习心理形成干扰。

优化组合教学媒体时，还应考虑不同媒体的信息符号对学生的作用效果。语言符号便于同学生进行沟通交流，画面符号具有直观的想象作用，音像混合符号则给学生以视觉和听觉的综合刺激。课堂教学设计时具体选择哪种信息符号，要根据教学目标的具体要求，使之符合学生的心理特点和认知规律，以求利用不同媒体信息符号的功能优势，来揭示教学规律，突破教学的重点和难点，强化课堂教学效果。

（五）反馈性原则

课堂教学过程是教师、媒体、学生等教学要素相互作用的过程。在教学活动中，教师通过媒体向学生传递教学信息，学生则通过媒体来进行学习，教师和学生之间不断地进行教学信息的反馈与交流。随着现代教学媒体在课堂教学中的广泛应用，教学过程中的信息反馈与调控越来越成为优化课堂教学的一项重要因素。

反馈调控是指教师在课堂教学过程中通过学生的学习反应获得反馈信息，然后根据这些信息相应地调整教学过程，弥补教学设计的不足，有效地控制整个教学活动向着完成教学目标的方向发展。教师在教学过程中通过交代目标、激起动机，引发学生的学习兴趣和主动参与意识。教学过程中学生产生的各种反应都是教师的反馈信息。同时教师还可以通过明确具体的教学目标对学生的学习效果进行评价分析，检查课堂教学目标的完成情况，并以此为依据找出课堂教学设计中存在的问题，如媒体内容的展示时机、教学媒体的使用环境等，从而为课堂教学活动做出正确的决策。

总之，课堂教学设计是以实现课堂教学最优化为目标，用系统的观点和方法对教学活动中的基本要素进行统筹安排的过程。它主要包括教学目标的确立、教学媒体的选择、教学策略的制定、教学效果的评价等基本内容。要实现课堂教学系统的功能最优化，获得课堂教学的最佳效益，就必须对整个系统的功能要素进行良好的设计和合理的统筹。

二、各要素的设计原则

课堂教学设计是以教学论、教育心理学和传播学理论为基础，用系统的观点和方法，来分析教学任务，确定课堂教学目标和教学策略。课堂教学设计的要素主要包括教学目标、教学内容、教学方法、教学媒体、教学结构、教学评价等，各具体要素设计又有具体的原则与要求。

(一) 教学目标设计的原则

教学目标，是整个教学活动的指导思想，是教学活动的出发点和归宿，也是检查和评价课堂教学效果的依据。课堂教学目标设计应遵循的原则是：

1. 目的性原则

每堂课的教学活动，都应该围绕教学目的展开。教师必须熟悉教学大纲，吃透教材内容，把握教材的各个知识点，把握每一具体要求和区分度，完成课程教学任务。

2. 适度性原则

要从学生的认识特点和班级基础出发，既不盲目求多，也不过于松散。既不盲目拔高，也不降低要求。力求教师和学生都有实现目标的可能性。

3. 全面性原则

课堂教学目标，不仅考虑知识能力达到的程度，还要渗透思想品德的教育和非智力因素的培养，努力使学生在知识、能力、思想、心理等各方面得到全面协调的发展。

（二）教学内容设计的原则

教材中的信息往往都有较强的独立性，缺乏内在层次的联系，如果我们不进行序列化信息编码，就难以使学生获得完整的、系统的知识，影响学生的逻辑思维。这就需要我们对教学内容进行优选和序列化组合。在优选和组合时，必须遵循以下四个原则。

1. 针对性原则

即针对具体学情来设计。凡是学生通过自学能够弄懂弄通的东西就应尽量少讲或不讲，对一些次要的内容，教师略加点拨学生就能理解、掌握的，可一带而过。对一些尚未被学生认知结构所接纳，且有一定难度的应浓墨重彩，讲深讲透。

2. 集中性原则

课堂教学时间的有限性和教学信息的多维性，要求教学内容要集中。教师在钻研教材的基础上，要把握教学内容中主要的、本质的东西，抓住重点，把有限的教学时间集中在最核心的教学任务上。

3. 整体性原则

教师必须把握知识结构体系，认真分析每节课中的知识在整个知识体系中的地位和作用，找出这一课内容的铺垫知识是什么、新旧知识的连接点是什么、后续知识是什么，尽量使知识结构整体呈现。

4. 延伸性原则

必要时，还要适当补充一些与教学内容有关的边缘学科知识和尚未被学生知晓的新知识，以便开阔学生视野，满足学生求知欲望，激发学习兴趣。

（三）教学方法设计的原则

教学方法是为完成教学任务而采用的办法。它包括教师教的方法和学生学的方法，是教师引导学生掌握知识技能，获得身心发展而共同活动的方法。课堂教学方法的设计应有利于知识的传播和能力的培养。在教学上，既要考虑如何教给学生已经概括了的社会基本经验，又要考虑教给学生有效地去获得这些经验的方法。在学法上，既要考虑怎样指导学生去总结已有知识和经验，又要考虑如何指导学生自动更新自身知识结构，不断调控自己的学习状况。

首先，在教法设计上要遵循启发性原则。教师要始终把启发思想贯穿教学设计的整个过程，以学生为学习的主体，点拨学生独立思考，启迪学生积极思维，提高学生分析问题和解决问题的能力。其次，在学法设计上要遵循指导性原则。教师不仅要把学生当作教育对象，还要当作研究对象，研究学生学习规律，指导学生学习和掌握教学信息的方法，掌握预习、听课、笔记、作业、总结学习过程和自我心理调节等方法。

第三节　小学语文教学设计的要素

一、教学设计的一般要素

（一）教材分析

教材作为课程计划和标准的具体化形式，是教师指导学生获取知识和培养能力的重要载体。因此，教材分析首先要分析语文课程标准，就小学而言就是要认真研读语文课程标准中关于小学语文部分的内容，在此基础上，深入钻研教材，并进行教材分析。分析教材要注意系统性，不能局限于某一课、某一单元或者某一项语言训练活动。其次，教材分析要分析所授的具体课文或章节，这是教材分析的重点任务。

（二）学情分析

学生是学习的主体，学生的学习态度、思想情感、知识积累、能力构成、学习环境等对学习产生直接或间接的影响，因此，学情分析具有必要性。教师要注意分析学生语文学习中的个性和共性问题，关注目前学习的内容与学生先前知识以及后续将要学习的内容之间的关联，分析学生学习中存在或可能存在哪些困难，以及如何解决这些困难。学情分析可以避免教师做出一厢情愿式的脱离实际的教学设计，学情分析到位是成功的教学设计的基本条件之一。

（三）教学目标设计

教学目标是教师在教学前对学生学习行为变化的预期。教学目标不仅对学生具有心理导向和激励功能，而且制约着教学设计和实施的方向，影响教师对教材的处理与加工，对教学过程的确定、教学方法的选择和作业习题的布置等也都会产生影响。教学目标设计要在对教材、学情分析的基础上进行，一般要求做到全面、规范、具体和开放。

（四）教学重难点设计

教学重点是指在所教学科知识体系中处于重要地位，对后续知识的学习和理解会产生重要影响的知识点。这就意味着教学重点是一个绝对概念，它不会因教育者或教育对象的变化而发生变化。因为知识体系是确定的，不同知识在知识体系中的地位和作用也是确定的。教学难点是指教材中学生较难理解和掌握的部分。由于教学难点是相对于学生的理解力而言的，不同学生的理解能力有高低，这就决定了教学难点是一个相对概念，可以因人而异。对某些学生而言是难点的知识，对其他学生来说则未必是难点。

（五）教学过程设计

教学过程是教学活动的展开过程。教学过程要遵循学生认知规律和学习心理发展规律，体现一定的教学顺序。小学语文教学过程设计要依据小学生学习语文的特点、不同板块教学内容的特点以及具体教学内容的要求来进行。教学过程设计不是教学内容的再现，要注意发挥教师主导、体现学生主体和媒体优化作用。教学过程设计还要体现一定的教学方法。

（六）教学方法设计

教学方法与教学目的相联系，是实现教学目的不可或缺的工具；是师生共同完成教学活动所采用的手段，而并非单指教师的工作方法。教学方法的功能是多方面的，既可凭借教学方法使学生掌握知识、技能和技巧，也可凭借教学方法使学生形成思想品质和审美观点，发展他们的能力和创造素质。教师要根据教学的目的和任务、教学内容的性质和特点、教学对象的实际情况、教师自身素质及所具备的条件以及教学方法的类型与功能，选择合适的教学方法。

（七）教学评价设计

教学评价的目的是促进学生学习，同时改善教师的教学。小学语文教学评价设计应科学反映学生的学习水平和学习状况，全面落实语文课程目标。教学评价设计要恰当运用多种评价方式。教学评价设计的内容一般体现为教学评价方案的设计和课程考评试卷的设计。教学评价的设计要体现语文课程目标的整体性和综合性，要根据不同学段、不同年龄学生的特点，按照不同的课程目标，抓关键、明重点，采用合适的方式，提高评价的效率和效果。

二、教学设计的其他要素

（一）提问设计

对于学习者来说，学习过程实际上是一种提出问题、分析问题、解决问题的过程。教师出色的提问能够引导学生去探索达到目标的途径，获得知识智慧，养成善于思考的习惯和能力。提问是为教学服务的，为提问而提问是盲目的提问。要进行有效的提问，关键在于科学地设计问题，以激发互动与共鸣为原则设计提问，以紧扣教学重点为基点精选关键提问，以课堂教学需要为根据把握提问时机，以拓展学生思维为目的预留想象空间，以轻松活泼有趣的语言编制系列问题。

（二）板书设计

板书是教学中所应用的一种主要的教学媒体，板书艺术则是教学艺术的有机组成部分。现代教学媒体的大量涌现不仅没有使板书退出教学课堂的舞台，反而更加彰显板书不可替代的特点与优势，也更加丰富了板书的显现形式。板书内容构成直接影响板书质量和教学效果。因此，教师应对板书内容进行精心设计，使其科学、精练、好懂、易记。对每堂课的板书内容设计，应根据教材的内容、教师的设计技巧和学生的适应程度而定，难以做统一的规定。因为即使同一教学内容，不同的教师、不同的对象，也可以设计出不同的板书内容。

(三) 说课设计

说课是教师在备课的基础上于课前或课后向同行、专家或评委用口头语言说明教学设计及其理论依据，然后由听者进行评述的一种教学交流活动。说课主要包括说教材、说学生、说教学目标、说教法学法以及说教学过程等内容。

(四) 教案设计

教案体现对教学内容的整体设计，是教学设计的最终成果之一。说教案设计就是教学设计也有一定的道理。教案是课堂教学的预案，要充分反映教师内在的教学理念、对教学内容的把握程度等。好的教案是教师上好课的前提。

(五) 媒体手段运用设计

在小学语文教学中，教学媒体手段具有传递教学信息动能，在学生的思维能力培养和语文综合素养提升方面发挥着重要的作用。教师进行媒体手段运用的设计，既要满足呈现教学内容和支持教学活动的需求，也要从学生角度考虑，将加工过的信息通过媒体手段呈现给学生。媒体手段的运用应符合小学生心理发展和认知特点，要符合语文课程对学习环境创设的要求。当然，教师不能无限制依赖现代媒体手段，尤其在语文教学过程中，为发挥学生的想象能力，有时候还需要对媒体手段的运用予以必要的限制。

三、新课堂教学设计中的 10 个要素分析

教师要从传统角色中走出来，走进新课程，要处理好"继承"与"发展"的关系，在继承的基础上求发展。新课程下课堂活动教学设计的构成要素主要由学生、教师、学习内容（教材）、学习情境、学习方式、学习资源、学习目标、学习评价、学习策略、创新空间 10 个要素组成。

（一）学生

学生是我们进行教学设计的出发点、归宿和核心。关注人是新课程的核心理念"一切为了每一位学生的发展所要求的"。它意味着：关注每一位学生，关注学生的情绪生活和情感体验，关注学生的道德生活和人格养成。所以，教学设计必须对学生的基本特征、已具备的基本知识和认知结构、学习风格等有一个基本了解。学生学习的基础主要是指学生的初始行为和学习的特征。学生在整个学习活动中处于什么样的地位，他有哪些自主权和交互行为，如何调动学生学习的兴趣和积极性，这一系列的问题是"学生"要素所要研究和考虑的。

（二）教师

教师的影响是通过教学事件来实现的，虽然在以"学"为中心的教学设计中，教师已不再处于中心位置，但也并不意味着教师的"教"就可以完全抛开。教师在引导学习、帮助制定学习策略和学习目标、提供学习资源等方面，在利用学习评价培养学生良好的学习方式和调节学习情境等方面，可以发挥更大的作用。

（三）学习内容（教材）

学习内容是为实现学习目标所必须学习的知识内容，它以"教材"为主要载体，是进行具体教学设计的对象和依据，与学习内容的选择与安排、学习目标、学习策略、学习特征等联系在一起。对于作为教学设计依据的原始教材，必须经过改造使之成为学习内容，这是"教教材"与"用教材教"在设计上的具体表现。改造中首先考虑的问题之一就是这一内容适不适合以探究的方式来进行教学。我们强调探究教学，并非所有的内容都适合用探究教学，有些实在无法进行具体操作的内容最好不要用探究的方式。

（四）学习情境

学习情境是为顺利地学习、掌握学习内容，尽快达到学习目标而选择或创设的情形与环境。学习情境的创设可以通过现代信息技术实现，但也要考虑让学生主动参与学习情境的开发与设计。情境的创设要与学习内容相统一，与学习过程相协调，它的作用是推动学习的进程。学习情境包括物质的、社会的、文化的、心理的等方面，与课堂生活中的规章、制度和期待等因素，共同构成教育环境。学习情境对教师、学生、学习内容等产生一定的制约作用，漠视学习情境的影响，将打破课堂及其教育环境的生态平衡。

（五）学习目标

学习目标是基于对教学目标的分析和操作之后形成的。学习目标也称培养总目标，主要包括对学习者培养的阶段性目标和学完学习内容之后所要达到的单元目标（或课时目标）。这两个目标应是一致的，后者服务于前者，课时目标是阶段目标实现的基础，总目标的实现又依赖不同时期的阶段目标的实现；而培养总目标则和社会发展的大环境和总需要、现代人才观、学习者的具体状况相联系，不同的社会需求、不同的学习者状况就会有不同的学习目标。学习目标与教学目标有一定的不同，而且有一定的"分离现象"，由于学生学习方式与学习内容的选择及层次上的差异，这种分离是必然的。对学生学习系列目标实现上的归纳，有利于教学目标的完成。

（六）学习方式

课程改革的目标之一是推动学生学习方式的变革。即由被动接受性学习向主动探究性学习转变。即使选定了用探究的方式，我们还必须考虑更具体的东西，即学生要采取哪种途径，是概括还是归纳，是个体还是小组等。学习的交互方式，也是非常丰富的，包括是思维情感的参与，还是外显行为的参与；是与教师、学生的交互，还是与虚拟的网络、教学媒体交互；是面对面的交互，还是通过媒介的交互；是在真实的社会情境中交互，还是在学校中模拟交互等。学习方式的改革，交互学习方式的使用，是以"学"为中心的教学设计的一个比较显著的特点，也是培养学生动手能力、创新能力，体现以"学"为中心的措施之一。

（七）学习评价

评价方式的转变也是课程改革的目标之一，学习评价同时也是推动学习方式变革的动力。学习评价是教学设计的一个重要因素和环节，主要是通过对学习过程、学习结果进行评价，并利用学习评价达到优化学习情境的目的。学习评价还要对评价结果进行分析、判断，并以此来调整、修改后续教学设计的实践活动。没有学习评价就不可能有完善的教学设计方案。评价的方法主要包含三方面的内容：第一，要确定评价项目及其参照标准；第二，如何进行评价；第三，如何根据评价结果对学习行为过程予以修正。当然，还有评价的主体及具体的评价形式，是质性评价还是量上的评价，如何收集数据等问题。

（八）学习策略

学习策略是自主确定学习内容的顺序、学习方式、学习媒体、学习目标和学习方案的一种模式和方法。其核心是要发挥学生学习的主动性、积极性，充分体现学习的认知主体作用，高效优质地完成教学任务，实现学习目标。在学习策略的设计中，应该考虑对学生活动监管规则的设计。活动的监管规则是学习活动的微观控制。只有活动流程的设计而没有过程的监管，这样的设计是不完整的。缺乏对活动监管的设计，是造成新课堂教学难以控制的原因之一。

（九）学习资源

对科学知识的主动构建，要借助各种学习资源。学习资源包括学习时间、学习所用的材料、器材等媒体，是具体学习内容的辅助和延伸，是为了学习内容更全面、更广博而设计的。它既与学习内容相统一，又与学习内容相区别，是辅助性的学习内容。借助学习资源，是提高课堂教学活动效率的有效手段。就探究教学的活动性而言，学习资源也是一个要予以充分考虑的重要因素。对学习资源，首先要考虑时间资源是否适宜、学习材料是否有帮助、学习器材有什么制约；其次要考虑学习资源如何运用，即如何改造、整理与分类；最后，要注意对学习资源进行充分的估计，尽可能利用身边的资源。

（十）创新空间

教学的创新，要求教师与学生共同在学习内容的挖掘和呈现顺序上，在学习结论的呈现方式上进行精心设计，在思维方法和空间方面给学生留有足够的余地，引导学生进行创造性思维和实践活动。教学的创新主要包括教师"教"的创新、学生"学"的创新和学习材料方面的创新。

第四节　小学语文教学目标设计

小学语文教学是一种有目的的活动，在教学之前设计具体的教育目标是题中之义。然而，传统的小学语文教学关于教学目标的设计存在许多缺陷。首先，教学目标的制定过于笼统，对语文教学活动的具体展开和教学结果的测评缺乏指导作用。其次，教学目标的设计缺乏系统性，全凭教师的经验而定。由于教学目标的设计没有客观标准，就容易见仁见智，势必导致语文教学的起点能力和终点能力界限不清，造成低效教学和无效教学。要做到小学语文教学过程科学化和教学结果测评客观化，必须科学地设计教学目标。

一、小学语文教学目标的特点

小学语文的性质是交际性的基础工具，是认识世界、改造世界、进行交际和思维的工具。

学生在语文课中学习语言，进行听、说、读、写、书（写字）训练。语文课不仅从思想方面发挥作用，更主要的是从表达方面发挥作用；不仅要理解课文的内容，更要求学习课文的表达形式。语文教学的着眼点在表达形式方面，即其交际的手段和工具一面。根据小学语文课的性质，小学语文教学目标具有以下三个特点。

（一）语言性

语文学习的主要内容是祖国的汉语和汉文。小学语文教学的最主要目标是：掌握语言知识，发展语言能力。儿童在进入小学之前已学会初步的语言能力，尤其是口语已有相当水平，可以进行日常的表达和交流。但这种语言能力是不规范的，是一种"自在的语言"。小学语文教育目标就是在学生已有语言能力的基础上，通过系统的语文学习和训练，使学生较全面地掌握听、说、读、写、书的种种运用方式和理解方式，使学生的语言能力从"自在"的水平上升到"自觉"的水平。

(二) 交际性

"交际"的含义指的是语言的理解和运用。语文能力的训练是一种社会交际能力的训练。按照信息论的观点，语文能力是借助语言文字吸收、加工、储存和输出信息的能力；在社会生活中，除了口头的信息交流外，还必须凭借广泛的书面语言交流，以克服时空限制，扩大交际效果。小学语文教学目标要联系学生的生活和社会交际，注重实用性，把着眼点放在语言的形式方面，突出语文科的交际工具的性质。

(三) 综合性

语文能力是一个整体，是语言、知识、智力、品德等多因素的有机结合。语文教学目标与其他学科的教学目标相比，所包含的内容更为广泛。首先，小学语文教学目标的综合性表现在语文内部听、说、读、写各项能力的相互联系、相互促进、整体发展。其次，小学语文教学目标的综合性还表现在语文与其他因素有机联系、互相制约、均衡发展。小学语文教学目标的设计，必须处理好语文内部以及语文与其他外部因素之间的关系，建立纵有序列、横有联系的目标结构，结合提高学生的"一般能力"。根据以上特点，小学语文教学目标的主要内容如下：

第一，语文知识、技能目标（基础知识、基本技能）。

第二，语文能力目标（听、说、读、写、书的能力）。

第三，智力发展目标（注意力、记忆力、思维力、想象力、创造力等）。

第四，情感及品德目标（道德、思想、政治等）。

第五，非智力心理因素目标（习惯、审美能力、个性等）。

从总体来看，以前编制的小学语文教学目标范围过窄，多局限于知识的获得，其他方面考虑甚少。这样的教学目标不适应小学语文课的性质，不利于新时期对小学生语文学习的要求。当然，这并不意味着小学语文教学目标的内容越多越好，而应根据不同条件有所侧重，在"全面"中求"个性"。

二、小学语文教学目标的设计原则

小学语文教学目标设计的总体要求是既要符合小学语文教学的性质、目的、任务，又要系统反映小学语文的知识体系和目标体系，还要尽可能具体化，使其具有可行性和可测性。设计小学语文教学目标应遵循以下四原则。

（一）教育性原则

小学语文教学是小学教育的重要组成部分，它的教学目标必须体现小学教育的总体目的，促使学生在德、智、体、美几方面都得到发展。"文以载道"，小学语文教学目标要注意德、智、体、美诸方面教育的落实，使语文教学成为实现学生全面发展的重要教育途径。当然这并不意味着把教育性内容简单地搬到小学语文教学目标中，而应从小学语文教学的特点出发，充分发挥小学语文知识本身的教育性。

（二）可行性原则

编制小学语文教学目标要考虑教学实际，保证目标切实可行。好的目标体系应该既能体现语文教材的实际，力求反映语文教学大纲的要求，又能注意到学生原有的语文基础和发展水平。如果目标定得过高，学生不易接受，就会造成消化不良；目标定得过低，又不能激发学生的学习欲望。语文教学目标中哪些知识应该掌握，掌握到何种程度，要反复权衡。

（三）系统性原则

编制小学语文教学目标，受到目标分类系统和语文知识系统的双重制约，好的教学目标是一个完整的二维结构体系。教学目标在教材中的呈现是阶段性和累积性的。不同的教学阶段，教学目标的侧重点是不一样的：课始，侧重于感知；课中，侧重于理解；课末，侧重于巩固。同一教学内容在不同阶段出现，其能力水平的要求和目的是不同的：课始的朗读，要求读准字音；课中的朗读，旨在读中理解；课末的朗读，为的是培养语感。编制小学语文教学目标，要从整个目标系统出发，体现阶段性和整体性的统一。

一篇课文的教学目标是一个完整的系统，可以分解为相互之间有机联系的若干子目标，这些子目标既可向更高层次的目标结合，又可向更低层次的目标推演，从而形成上下贯通、前后衔接的目标网络。

（四）可测性原则

编制小学语文教学目标要做到具体化，目标中的知识点和能力水平都要有明确而具体的规定，避免产生歧义，并能通过某种测量手段验证目标的达成度。

当然，由于目前测量手段的局限，小学语文教学中有些内容很重要，但不具有可测性，却又是教学目标之一。例如，许多课文包含着创造的因素，可以直接用来训练学生的创造力；寓言和童话带有深刻的哲理，而且思维比较独特，有利于培养思维的新颖性、独特性；文艺性作品，适用于培养创造性想象。

三、编制小学语文教学目标的程序

小学语文教学目标的编制是一个复杂的系统，一般分以下三个程序。

（一）理解语文的知识体系

制定小学语文教学目标的第一步，就是分析理解教材所包含的知识体系，把语文知识具体化、序列化。这一过程主要包括以下内容：确定小学语文的知识结构；划分知识单元；整理知识点；明确知识要素。

（二）明确知识点的学习水平

在小学语文知识结构确定后，就要决定每一个知识点的学习起点和学习水平。一般分两步进行：第一步，确定小学语文采用的目标分类体系。到目前为止，小学语文的教学目标分类大多数以布鲁姆的认知目标分类学为理论框架，或稍加改变，把原来的八级水平变成五级或四级，如把六级水平合并为四级水平：识记、理解、简单应用、综合应用。这里的"简单应用"相当于原来的"应用"；"综合应用"包括分析、综合、评价三个层次。第二步，明确每个知识点的学习水平。这需要参照小学语文教学大纲对知识深度、广度的要求以及小学语文教材对知识的处理，形成每个知识点的学习水平。

（三）确定教学目标的表述

目标的表述，是指把小学语文教学目标分类框架和小学语文知识内容综合起来的一种陈述。通常有两种表述方式：

1. 双向细目式

在这种表达方式中，一维以知识点为序展开，另一维是目标分类学中的学习水平级别，针对每一个知识点定出相应的学习水平，形成一个教学目标表格。

2. 条目式

把每个知识点和内容结合起来，用一个行为动词组成的句子表述教学目标。

这两种教学目标的表述方式各有优缺点。前者有助于教师形象地掌握应教的知识内容和各知识点在学习水平上的差异，有利于突出教学重点，突破教学难点。后者容易被教师理解，但是，如果条目过多，就会给人以零乱和冗长的感觉，缺乏整体性。

四、小学语文教学目标在课堂教学中的具体落实与表述

（一）教学目标与课程目标对应

我们知道，课程目标主要包括知识与技能、过程与方法、情感态度价值观三个维度的内容，而这三个维度的内容落实到教学层面，其具体要求是不同的，不同学科的教学目标也是不同的。比如，语文教学目标或数学教学目标，是由课程目标所蕴含的知识与技能、过程与方法、情感态度与价值观三个维度整合而成的"语文学科素养"或"数学学科素养"，落实到具体的语文教学或数学教学中时，与其相对应的语文或数学教学目标主要包括由学会、会学、乐学整合而成的学生的"语文学习素养"或"数学学习素养"。具体来说，语文教学目标的设计应包括以下内容：

1. 学会：习惯、积累和了解

阅读习惯的培养，如诵读、查工具书、圈点勾画、看注释、做笔记、看"说明"和"目录"、阅读姿势等。积累，如积累字词、积累语文常识、积累篇章等。了解是对知识而言的，主要为了解表达方式、文学样式、语法知识等，通过训练加深理解，熟能生巧。

2. 会学：体验、感悟和揣摩

体验要求学生要有原始阅读的感受。感悟是建立在阅读体验之上的一种心理过程。揣摩就是反复思考推求，揣摩的内容有字词的精妙、句子的隐含意义、深刻含蓄的题旨、独具匠心的表现手法，揣摩是从体验走向感悟的必然过程。

3. 乐学：评价、鉴赏和探究

评价要求学生对阅读的内容进行优劣是非的判断，是阅读能力和判断能力的结合。鉴赏，就是对书面文字所提供的信息能够引起想象，留下无限的思维时空。探究，要求学生充分利用课本，发现问题，提出问题，自行探讨，寻求结论，学语文爱语文。

（二） 明确目标的基本要素

一般情况下，一个完整的教学目标由四个基本要素构成：行为主体、行为动词、行为条件、表现程度。例如"学生能够不看教材准确无误地复述课文内容"，行为主体是"学生"，行为动词是"复述"，行为条件是"不看教材"，表现程度是"准确无误"。再如，"学生默读现代文每分钟不少于 400 字"，行为主体是"学生"，行为动词是"默读"，行为条件是"现代文"，表现程度是"每分钟不少于 400 字"。当然，有时为了简练，在不会引起误解或歧义的前提下，省略行为主体或行为条件。如"在有感情地朗读中体会自然之美"，便省略了行为主体；"了解侧面描写的作用"，便省略了行为主体和行为条件。明确基本要素，能够使教师对教学目标有更清晰的把握，从而科学合理地设计教学过程，减少教学的盲目性、随意性。

（三） 行为主体必须是学生

以学生为中心，是新课改的基本理念之一。在表述教学目标时，必须从学生的"学"这一角度出发，而不能从教师的"教"出发。因为，教学活动是否成功，不是要看教师教得怎样，而是要看学生学得怎样。因此，表述教学目标时必须从学生的角度出发，行为主体必须是学生。尽管有时作为行为主体的学生在表述中没有出现，但也必须是隐含着的。在这一点上，很多教师存在错误。如很多教师习惯于采用"使学生……""引导学生……""培养学生的……""提高学生的……"等表述方式，这都不符合目标表达的规则，这些表述暴露出了根深蒂固的"以教师为中心"的错误思想。

（四）选择恰当的表述方式

一般情况下，教学目标基本的表述方式有两类：结果性目标表述方式，体验性或表现性目标表述方式。有些目标具体明确，对学生的表现程度能够准确评价或测量，就应使用结果性目标表述方式；有些目标比较模糊，对学生的表现程度很难进行准确评价或测量，就应使用体验性或表现性目标表述方式。一般说来，"知识和能力"维度应尽量使用结果性目标表述方式，行为动词要明确、可测量、可评价，如使用"背诵""辨认""举例""概括""区别"等动词。"过程和方法""情感态度和价值观"方面的目标大多要使用体验性或表现性目标表述方式，行为动词往往是体验性的、过程性的，如"感受""体验""养成""树立""尝试"等动词。

（五）正确处理三维目标之间的关系

三维目标是一个有机的整体，应从系统的、整体的角度来理解，而不能割裂开来。三维目标之间不是并列关系，它们是一体"三维"的，其中的任何一维都与其他两维有关系。在基础教育的所有学科中"知识和能力"是教学目标的核心，是显性因素，是其他两维目标达成的载体。"过程和方法"有较多的隐性特点，不是独立存在的，它体现在其他两维目标的达成之中。情感态度和价值观是隐性的，但其形式又是外显的，正确积极的情感态度和价值观能够进一步促进学生其他两维目标的达成。所以说，三者是一个有机的整体，彼此联系，互相渗透，互相影响。因此，在表述教学目标时，应正确处理三维目标之间的关系，必须以本学科的"知识和能力"为核心，突出本学科特有的课程价值。

（六）删繁就简，重点突出

从理论上讲，每节课都应体现三维目标的理念，但是要在一节课的学习中同时落实三维目标，则近乎苛求。就语文教学而言，学习的重点是语文知识和能力，因为语文知识和能力是最基础的、最重要的，或者说是语文课程存在的前提，这是语文教学的出发点，也是落脚点。

因此，在设计目标时应重点突出语文知识和能力，切忌繁杂。目标过多，不仅使教学不堪重负，而且会相应地弱化核心目标。我们认为，一节课的学习目标围绕知识和能力，设计 2~3 项就可以了。课程目标是三维的，但在表述时没有必要先分为三大方面（三维），每方面又分为若干条。这样做，看似条分缕析，实则教条呆板。合理的做法应是把"过程和方法""情感态度和价值观"目标恰当地融入知识和能力目标之中。

第三章　小学语文多视角教学策略

第一节　小学语文高效课堂教学策略

构建高效语文课堂，要以学生能力发展为轴心，围绕语文课堂的内容选择、组织形式、师生关系、资源运用等几项要素展开，谋划促进学生的综合发展。一方面要落实"减"的要求，精简课堂讲授的任务和内容，简化和优化教学流程，减少静态的知识呈现方式，减少任务式的作业；另一方面要增强教师课堂的主导力，提升课堂教学的趣味性，增加知识和能力生成过程的演示、演变和演化分量，努力提升学生的主体创造力，提高作业的增值效益。

一、"双减"政策下构建小学语文高效课堂的思考

（一）转变教学观念，增加语文学习趣味性

语文教学最大的特点是以不确定的内容构建确定的语文素养体系。这种内容上的不确定性决定了语文课堂教学的组织形式、课堂流程、互动方式等都需要根据教学内容、学生特点和教师个人意趣进行灵活选择。

1. 活化语文教学形式

活用语文教学模式，活用优秀的教学方法，使学生接触语文作品的方式更加多样化，引导学生深度探究语文作品中蕴含的文化，增强学生对祖国语言文字的理解力和运用水平。由此，教师可以在教学中多研究各种语文教学模式和教学方法，并将这些模式方法与不同年龄的学生和不同气质的文本相对应。如小学低年级学生适合思维导图、游戏、语文话剧等教学方式，让语文教学变得更加充满生活气息、儿童气息、活动气息、成长气息，让学生全面沉浸于语文知识和语文活

动的海洋里；对于中、高年级的学生，教师则应该鼓励学生去积极参与文学主题讨论会（如三国中最喜欢的人物、对猴王出世的感受等），引导学生结合自己所学的知识展开想象和思考，在想象、比较、分析和归纳中提升语文素养。

同样，对于不同气质的文本，教师也可以有针对性地采用不同的教学方式。比如讲授行文思路具有典型性的记叙文，教师可以设计典型性的预习问题（如《刷子李》的故事，可设计如下有关的教学问题：刷子李的人物形象、什么地方能表现刷子李的刷墙技术高超等），这样便能使学生以更加主动的姿态和更为前瞻的视角参与到语文学习活动中。

2. 增加课堂内容的趣味性

在实际的教学课堂中，教师可以结合传统文化进行教学，通过传统文化的趣味性来吸引学生的注意力，丰富教学形式，加强学生文化素养的培养，有效地引导学生进行语文知识的学习，使学生更好地探究语文知识。文化为语文"赋能"，语文为文化"赋形"，通过语文生动的画面感和灵动传神的语言，让语文与文化相得益彰，让画面和生活与语文相映成趣。

（二）基于提升学生学习能力来组织教学

提升学生的学习能力包括以下四点：第一，语文想象能力。小学生最有想象力，但优秀的想象能力需要在语文课堂和语文教学中通过有意识地引导予以培养。第二，思辨能力。第三，共情的能力。通过不同的文章，分析其中不同的情感，是一种感受，也是一种能力。第四，交往协调能力。为此，教师要根据不同学生的学习状况和性格特点将学生分为不同的学习小组。在分组过程中，教师尽可能保证每组成员的能力、个性等处于平衡状态，让小组成员互相帮助完成合作学习和预习任务。

教师引导学生通过教育云平台来学习语文知识，根据软件的学习记录来调整当下教学进度，让教学更加符合学生的实际情况，全面促进学生的进步；同时，教师还应鼓励学生在平台上学习文学作品，使学生在线上学习语文知识，引导学生探究这些语文作品的历史以及文化，使学生的学习能力和文化素养得到培养，全面促进学生对语文知识的学习，提高当下语文教学的质量。

（三）用探究性学习强化学生主体意识

探究性学习的重要性在于引导学生通过交流，表达对问题的看法，分析问题、解决问题。为此，在课堂中：第一，应牢固树立"以学生发展为本"的教育观念，让学生增强自信，变配角为主角，激发学生内心的学习欲望。如让学生自己讲解某些已考过的试卷，尝试讲解过程，让他们在自主学习的过程中展现自我、发现自我、实现自我，达到激励学生主动探索、求新求异的目的。第二，要克服学生的依赖性和惰性，教师要以"学长"的姿态起到"先学"的示范作用，在教师的示范引领下，让学生自己大胆地去思考、总结归纳、表达。这样既能消除学生的畏难情绪和依赖心理，又能搭建成长平台、拓展思维空间、培养思维品质。

（四）丰富作业完成方式，巩固课堂学习成果

作业是语文课堂的一种总结和回顾，是学生学习结果以及知识掌握程度的具体表现。因此，在"双减"背景下，教师应探究传统语文作业中的不足，丰富语文作业完成的方式，以探究、开发、思考为主，促使学生在完成作业时完成对语文知识的思考，达到深入研究语文知识的目的。

1. 构建"大作业"观，将作业布置放在学生的自主学习上

可以引领学生养成写日记的习惯，鼓励学生捕捉生活中的各种美好，把自己最真实的想法表达出来，哪怕只是几句话。写日记能培养学生的观察能力、思维能力、敏感意识、解决问题的能力。长期坚持下来，他们会有更多的收获和经验。

比如：布置"描写父亲"作文作业时，教师可以在教学中让学生去观察父亲在日常生活中的形象品格、行为动作、神态等，让学生先去了解自己的父亲，然后再让学生用合适的词语来描绘自己的父亲，使学生在课堂中进行学习，将传统任务式教学转变为探索式教学，从而使学生的探究、观察、表达等能力得到培养，全面促进学生的发展。

2. 丰富作业形式，重归语文听说读写的语言综合运用本质

听与说：语文课本中的口语交际内容就是很好的检验环节，检验学生是否会

听，听得是否准确，能否抓住别人说话的中心，能否理解所听到内容的实质。学会抓住别人发言的要点，考虑哪些跟自己想法相同、哪些内容是自己不知道或想不到的。说的关键在于是否说得清楚、说得完整、说得具体。学生逐步掌握准确、鲜明、生动的口语表达特点，能做到用词准确、词达意明、语言通顺、层次分明、修辞得当、逻辑性强。

读：阅读是学生最好的自学方式，也是学生自我修养提升的最佳途径。有这样一句话：一个人的气质里，藏着他读过的文字，一个养成了良好阅读习惯的学生，未来定有很大发展潜力。学生只有通过阅读才能理解文章中的词句、段、篇和修辞结构；也唯有通过阅读才能逐步提高学生分析段落层次、理解中心思想、掌握文章脉络的逻辑思维能力。

写：每周一次的作文训练和每周三次的日记，平时训练学生主要围绕一个话题写完整、写具体，内容不一定要很多。这是一个概括化的过程，学生从"说"到"写"、从"读"到"写"（仿写）两个过渡，都要通过书面语言有条理、生动地表达事物的内在联系，同时这也是一个长期训练的过程。

总之，构建高效的语文课堂是一项不可懈怠的要求，也是一次难得的改革和实践机遇。我们有责任优化语文教学目标，做最清醒的指导者；优化课堂教学资源，做最优秀的内容提供者；优化教学流程，做最聪明的课程设计者；优化作业设计，做最科学的行动指导者。

二、小学语文高效课堂的建构

随着小学语文课堂教学方式的不断优化，许多实用有效的教学方法，在课堂教学中得到了灵活运用。"双减"政策的落地实施，对包括小学语文在内的各学科提出了许多新的要求，小学语文教学要让学生从繁重的课业负担和参加名目繁多的培训机构所带来的过重的学习压力中解放出来，并且要在减负增效中进一步提高课堂教学质量，使学生语文学科的能力得到实实在在的提高。因此，教师要进一步转变教学观念，改进教学方法，使学生在轻松愉快中有效学习。高效课堂的建构，要转变教师讲、学生听的低效教学模式，在进一步优化教学方法和课堂结构的同时，调动学生的学习兴趣和积极性，使语文课堂教学充满生机和活力。这里在"双减"政策理论分析的基础上，通过分析现有小学语文课堂教学存在的弊端，在继承传统教学有效方法的前提下，提出构建高效小学语文课堂，提高语文学科教学质量的方法和措施。

（一）"双减"政策理论概述

1. "双减"政策实施的背景

为了能在"双减"政策下有效提高学科教学，有必要对"双减"政策加以理论研究和分析，使各学科教学改革有依据、有目的。其实，"双减"政策的实施并不是平地惊雷，而是有其深刻的背景原因。长期以来，在传统教育理念的推动下，有的家长和教师在学龄前就给孩子灌输中考和高考的重要性，并且以频繁的考试来督促学生长时间地无效学习，有的家长为了不让孩子输在人生的起跑线上，不惜让孩子花费大量的时间和精力参加各种校外学科培训机构，致使升学的压力大幅提前，幼儿阶段也不顾幼儿身心健康，布置大量的学科作业，家庭也因报名参加大量课外培训机构课程而承担额外的经济压力。许多家长和教师明明知道这种功利性的教育方式是不对的，但又无可奈何，不得不随波逐流。许多教育培训机构违背教学规律和学生身心健康发展的规律，忽视人的发展，把考试分数作为教育唯一追求的目标，既增加了学生的学业负担，也扰乱了正常的学校教学秩序。要解决这些问题，迫切需要深化教育改革，有效减轻学生的作业负担和压减校外培训机构。

2. "双减"政策对学科教学的要求

学生考一个高分数是必要的，但分数不是学科教学追求的唯一目的，除了考试分数外，学科教学还要尊重小学生身心健康成长的规律和全面发展的必要性，因此，"双减"政策下，教师要在不加班加点、不给学生布置海量作业、不进行重复性无效考试的前提下，通过优化课堂教学方法，进一步提高教学能力，让学生在课堂上能够掌握更多的知识。

"双减"政策还对考试进行了明确要求。义务教育阶段的考试要从评价功能向诊断功能转变。考试的评价功能主要体现在对教师教学质量和学生学习效果的考查和评价上，这种功利性的考试要在"双减"政策下严格控制考试的次数。诊断考试要体现在学情反馈上，为了解学生对教学内容的理解和掌握的情况，教师通过诊断考试，在对试卷分析和研判的基础上，全方位掌握学生的学习情况，以便对教学方法加以调整。在"双减"政策下，小学语文教学方式的转变也要充分研究考试方式和考试次数的设计，不要使频繁而又无效的考试影响正常的教学活动。

"双减"政策对学科作业布置的质和量也有新的要求。就小学语文学科而言，作业布置要充分考虑教学内容和学生个性化的学习需求，设计适量的个性化的作业，使作业的内容满足学生个性化的练习需求，也使每个学生通过适量的作业练习，达到既能巩固知识和技能，培养学生的学习兴趣和自信心，又能增强解决实际问题的能力。在"双减"政策下，小学语文教学方式的转变，适量而又科学的作业设计是高效课堂建构的重要方面。

传统的语文教学偏重知识的传授，这种教学理念下，学生虽然学到了语文基础知识和基本技能，但学科核心素养并没有形成。在"双减"政策下，课堂教学方式的转变要实现教学性的教学向教育性的教学的转换，学科教学要回归通过知识教育达到育人的本源，也就是立德树人的教育目标，把教师和学生从考试分数的桎梏中解放出来，通过教学方式的有效转变，建构高效教学课堂，使小学语文教学质量在减轻学生作业负担的同时得到有效提升。

教师和学生的课堂交流是完成教学任务，达到教学目标的重要途径。但教师和学生之间的交流仅限于教学范围，教师和学生交流时，只关注学生的学习状况，而对学生学习之外的喜怒哀乐从来不闻不问，在双方交流的过程中，教师只注重单向的灌输和教导，忽视对学生心声的倾听，达不到彼此情感沟通的效果。"双减"政策下，教师和学生的交流是多角度、多层面双向的交流。师生平等地合作与交流，是课堂教学方式需要转变的方面，融洽的师生关系也是建构高效课堂的重要内容。

（二）小学语文课堂教学存在的问题分析

小学语文是小学课程组成的主要学科之一，但小学语文课堂教学仍然受传统教育的影响，教师过于注重语文学科知识的讲解，忽视对学生语文学科能力的培养，通过加大学生的作业量来增加对语文知识的理解，使小学生承受超量的作业负担，学生也因此失去对语文学科的学习兴趣。长期过量负重学习，也使学生的心理承受无形的压力，给学生健康的生活和学习带来阴影。"双减"政策的实施，在有效减轻学生作业负担的同时，要提高学生的学习效率，如何做好"双减"政策下义务教育阶段学科教学的加法和减法？在"双减"政策下，小学语文高效课堂的建构策略的制定必须具有明确的目的性。现就小学语文课堂教学存在的问题分析如下。

1. 教师是课堂教学的主体

教学是学生和教师、学生和学生之间通过教材建立起来的多种交流互动过程。在小学语文课堂教学过程中，教师仍然是课堂的主体，课堂上讲什么内容，采取何种教学方法，都是由教师课前已经预设好了的。特别是小学高年级阶段，学生的思维能力已经得到了一定的培养，对课文段落的意义已经有了概括的能力，而教师总是按照教案和段意的标准答案，把现成的答案告诉学生，让学生死记硬背。这种填鸭式的教学方法，不但抑制了学生的思维能力，使学生容易养成遇到问题惯于等老师给出答案，而不积极主动探索解决问题的方法的习惯，而且还从根本上否定了学生的学习主体性作用，使学生成了知识的容器和复制者。

2. 传统教育模式是课堂教学的主要方法

由于考试排名和升学考试分数要求，小学生承受着来自传统教育的压力。尽管随着课程改革的发展，小学语文的教学内容也不断丰富起来，但学生并没有因教学内容的丰富多彩而享受快乐高效的学习过程。语文学科具有工具性和人文性的双重性，两者是相辅相成的，但在课堂教学过程中，教师往往注重语文的工具性，而忽略语文的人文性。语文学科又是基础教育的主要学科，也是学习其他学科的基础学科，正因如此，语文学科教学在其工具性方面肯下功夫，但仍然是高投入、低效益，学生承受着过重的学习负担。就小学低年级的汉字识记造句等内容的教学而言，教师在教学过程中，为了突出识字和造句的教学目标，在汉字识记上设计了许多教学方法，却忽略了识字课文还有启发学生思维、培养情感和价值观的教学目标。小学语文教师必须转变功利性的教学理念，根据语文学科特点，在减轻学生课业负担的情况下，重视语文学科的工具性和人文性，改进教学方法，把语文学科的工具性和人文性有机统一起来，使学生在语文基础知识和基本技能形成的过程中，语文学科的核心素养得到有效的培养。

3. 教学方法缺少创新

教学方法是实现教学目标的主要途径，也是沟通教师和学生合作与交流互动的桥梁。有效的教学方法，能促进教学任务的完成和教学目标的达成。小学生自我管理能力有限，很容易在课堂上分散精力，从而影响听课的效果，许多教师认为这是小学生的年龄特点，随着年龄的增加，这些问题会自然得到解决。所以，他们在课堂教学过程中，往往忽视了对于教学方法的研究，单纯依靠教师在课堂上讲，学生在课堂上听，课后反复练习来巩固所学知识。有的教师按传统的小学语文教学中由教师领读、学生跟读的方式认识汉字，朗读课文。这种教学方法虽然能加强学生对汉字的识记和对课文的认读，但如果不管教学内容的特点和学生个性化的需求，始终采用这种教学方法，学生会因枯燥而厌烦语文学习。而且课后大量的反复性的作业练习，会使学生在繁重的学习压力下负重学习，既影响学习效果，又使学生身心健康受到伤害。所以，教师要在充分研究教材和学生的前提下，根据实际需要选择适合的教学方法，激发学生的学习兴趣，集中学生的注意力，使学生在轻松的环境中高效学习、健康快乐地生活。

（三）小学语文高效课堂建构的策略

建构高效的小学语文课堂，不仅是新课程背景下重要的教学目标，也是"双减"政策下小学语文课堂教学所期望达到的课堂教学效果。课堂建构主义的教学理念认为，课堂教学过程不仅是知识的形成过程，更应该是学生主动学习和建构知识的过程。建构高效的小学语文课堂，不仅要按照"双减"政策的要求，采取简便有效的教学方法，而且还要发挥学生的学习主动性，使教与学有机配合，实现共同进步，促进小学语文学科教学质量的提升。

1. 改变观念

任何教学措施的落地实施，都要依靠教师去执行，因此，教师观念的转变是高效课堂建构的前提。教师要充分认识到各种作业负担和校内学科培训机构给学生造成的心理压力，着手研究教法，提高课堂教学质量。第一，要突破以教师为中心的课堂教学的传统理念，让学生充分参与到课堂教学中，自己只做指导者、组织者和管理者，真正定位教师为主导、学生为主体的教师和学生的关系。第二，改变过于注重知识和技能、轻视对于学生学科能力的培养的教学理念，把学生从反复无效的练习中解放出来，科学设计作业，合理安排学生的作业量，优化课堂教学结构。这样就能使学生在科学合理的作业训练中获得语文学科能力的提升。

2. 打破传统教育的束缚

高效的语文课堂建构，需要打破传统教育的束缚，尤其在小学语文低年级汉字识记的教学中，要改变以往生字多遍重复书写的教学方法，把汉字放在语言环境里去识记，如"日""月""明"的汉字识记，把汉字和实物相结合，让学生在"旭日东升"和"十五的月亮"等课堂创设的情境中认识汉字，既能提高学生对汉字的认识能力，又能培养学生的想象能力，使学生由月亮联想到"嫦娥奔月"等相关情境，这样，学生在课堂上就不只为考试而去认识汉字的字形和字义，而是在认识汉字的过程中培养应用汉字的能力。

3. 多媒体在课堂教学中的应用

如今多媒体技术在学科教学中已经得到了广泛的应用，并且是建构高效课堂的主要教学方法。但在小学语文教学中，依旧有部分教师怕多媒体技术在课堂中应用会转移学生的注意力，影响学生对教学内容的理解，因此并没有完全普及。将多媒体技术运用于小学语文学科课堂教学中，不仅能提高课堂教学效率，而且使学生课后不用再进行大量的作业练习。如小学低年级的识字教学本来就枯燥，课后大量的重复性生字书写，会使学生产生厌倦的心理。而教师能在教学课堂中用幻灯片、视频等展示的方式，把生字形象地用动画的形式展示出来，则能消除学生的厌倦心理，既能减轻学生课后大量练习的压力，又能达到提高学习效果的目的。学生在当堂完成识字教学任务课后，就有大量的时间去学习自己更感兴趣的内容，既减轻了学生的课业负担，提高了学习效率，又能使学生健康快乐地生活。

"双减"政策下小学语文高效课堂的构建，教师既要做好减轻学生课业负担的减法，也要做好提高学生学习效率的加法，在教学内容和教学效率的加减中，建构高效课堂，提高小学生的语文学科能力。

（四）语文教师要进一步提升教学素养

有好教师才有好教育，才有好课堂。打造小学语文高效课堂关键在于教师。"双减"政策的实施对小学语文教师教学素养提出了更高要求。第一，要转变思想，更新教学观念，做一个教书育人的领路人。"双减"的目的是提质增效、立德树人，促进学生全面发展。教师上课不再是靠时间要效果，不再是课内不足课外补，而是通过提高课堂教学质量，提升课堂学习效率，把时间、健康、能力还给孩子，自觉践行"负担少、耗时少、高质量、高效益"的"双减"政策下的教学思路。第二，加强学习和探索，不断提升自身的语文素养和教学能力。一方面，语文教师要注意完善自己的知识结构，拥有广博的知识，在教学中才能够站在更高角度，不断开阔学生视野，使各种知识相互联系和融合，提升教学效率；另一方面，语文教师要提高教育教学能力，对于小学生的认知水平、思维能力、心理发展规律要有更为确切的了解，对于语文领域最新的教学研究成果、先进的教学手段和方法等要及时掌握，做到与时俱进。通过不断学习和探索，加强内功修炼，筑牢理念、技能之基，不断提升课堂教学能力。第三，"双减"背景下，政府教育部门要积极组织小学语文教师培训，不断提高小学语文教师教育教学水平。学校语文教研组要针对"双减"政策加强"小学语文高效课堂"教学研讨活动，认真研究课堂教学策略，优化课堂教学方式，通过精研教学提升教师教学水平，助力打造语文高效课堂。

（五）制定恰当的课堂教学目标

要打造语文学科高效课堂，制定恰当的课堂教学目标至为关键，语文教师切不可忽视。应根据小学语文课程标准和课堂教学的内容，结合小学生认知规律、学习习惯等实际恰当设定教学目标，使教学目标明确可行。教学目标的设定应有利于激发学生学习欲望，培养学生各方面的能力，发展学生的个性。具体来说，应重点从知识、能力、情感三个维度着手来考虑小学语文课堂教学目标设定。第一，知识目标。语文课程是基础性课程，在语文课堂教学中，知识目标主要是教授学生识字、写字、了解文章内容和写作方法等，使学生掌握一定的文字、语言、读写、逻辑等方面的知识。第二，能力目标。小学语文课堂在传授学生知识基础上，还要重视对学生能力的培养。学生是学习的主体，应着眼于培养学生自学能力，促进学生独立思考，学会读书，提升运用知识的能力。另外，还应将学生的协调能力、应变能力、创造能力等纳入课堂教学目标中，使学生在掌握语文知识的同时，逐步培养多方面能力。第三，情感目标。这一目标体现的是语文的人文性，强调对学生进行人文渗透和滋养。在小学语文课堂教学中应注重情感熏陶，指导学生正确理解文章内容及文章蕴含的思想情感，从中得到启迪，学会审美，培养健康的审美情趣，升华道德情操，优化心理品质，形成积极的人生态度和正确的价值观。总的来说，小学语文课堂教学目标应具有育人性，语文教师要从多角度考虑，把知识传授、技能培养、情感培育都具体体现在每节课堂的教学目标中，从而充分发挥出教学目标的导向作用，以此展开教学活动，必然能够提升课堂教学效率效果。

（六）营造轻松愉悦的课堂氛围

语文课堂教学的过程既是知识传授的过程，也是师生进行情感交流的过程。轻松愉悦的课堂氛围能够有效激发学生的情感，增加学生的语文学习兴趣，活跃学生的思维活动，从而更容易树立积极的语文学习观，加速语文知识接受与消化的进程，使语文课堂焕发出活力，教学效果也会得到明显优化。因此，营造轻松愉悦的课堂氛围对于小学语文高效课堂的打造深具影响。具体而言：一方面，要努力建立良好的师生关系。古人云"亲其师，信其道"，和谐、友好、亲切的师生关系有助于调动学生上语文课的兴趣，学生能认真听课和积极思考问题，强化主动学习意识，也有利于学生身心健康，是构建轻松愉悦课堂氛围、高效完成教学目标的重要基础。语文教师在教学活动中要充分尊重学生的主体地位，关注学生的情感，加强与学生的交流，了解学生预习复习状况，多听取学生的建议。要认真倾听学生的课堂发言，通过学生"讲"、教师"听"，让课堂成为学生发挥的舞台，有助于锻炼学生的表达能力，激发学习兴趣。要不失时机地赞赏学生，赞赏对学生是一种非常愉悦的体验，能使学生在学习中感受到被肯定的喜悦，激发学习热情。同时，也拉近了师生之间的心理距离，融洽了师生关系，活跃了课堂气氛。另一方面，可以充分运用现代教学手段，让课堂变得生动、直观、丰富，激发学生求知欲。语文教师在课堂教学中可利用多媒体创设具体的教学情境，重现文章中描述的场景，让学生视听感官受到刺激。此时，小学语文课堂教学不再是枯燥乏味的文字教学，而是直观、丰富、立体、多彩的趣味活动，能够强烈吸引学生注意力，提高学生学习热情，发展学生观察、想象、思维能力，获得语文课堂教学的高效率。

（七）充分利用合作式教学方式

在语文教学活动中，学生作为独立的个体，彼此在知识、智力、爱好等多方面都存在差异。充分利用合作式教学方式，可以使学生互补学习、互相帮助，培养合作精神，更有效率地提升学生的综合能力。此外，这种教学方式能够满足学生心理需要，发挥学生主观能动性，学生有了展示自己的机会，通过长时间锻炼，有助于拓宽思维，培养表达能力，增强学习信心，激发创造能力。合作式教学是当前素质教育和小学语文课程标准共同倡导的教学方式，有助于打造小学语文高效课堂，符合当下学校落实"双减"政策的教学要求。实施合作式教学，教师在编组时要兼顾学生能力的优劣和兴趣爱好方面的差异，尽量做到优劣互补、合理搭配。然后提出问题让学生展开小组讨论，小组内的每个成员都要大胆提出自己的疑问，也都有责任帮助其他成员答疑解惑。通过小组内部的交流合作，发挥每个学生的力量，对语文教学中出现的各种问题进行深入分析和探究，促使学生主动进行语文学习，加深对课文的理解，形成自己的认识和看法。在课堂讨论过程中，教师作为引导者要注意把握节奏与方向，让学生掌握合作学习的重点，并对学习难点给予合理启发，鼓励学生谈出真实看法，哪怕完全与众不同。最后，教师要对小组合作学习做出中肯评价，通过评价激发学生的合作学习热情，确保小组活动能够持续顺利开展。

（八）有效设计语文课堂作业

作业是语文教学的有机组成部分，有助于加强学生对所学知识的理解和巩固。作业包括课堂作业和家庭作业。"双减"政策规定，小学一、二年级不布置书面家庭作业，其他年级书面家庭作业不超过60分钟。通过作业控制，把更多的课后自由时间还给学生，让学生有时间去阅读、锻炼、娱乐，参与各种社会实践，促进学生全面发展。取消或控制家庭作业，实际上给小学语文教师提出了更高要求。教师要把作业重心放在课堂作业上，通过课堂练习加强学生对所学知识的理解和巩固。这就需要教师珍惜课堂上的有限时间，在全面把握教材重难点基础上，精心设计课堂作业的内容，让学生的作业在课堂上高效完成。在学生写作业过程中，教师随时批改、随时反馈，及时掌握学生学习情况，根据课堂作业的效果对教学方案做出相应调整。在设计小学语文课堂作业时，教师必须切实改变传统的叙述作业，废除机械重复作业，密切结合小学生特点和生活实际，多设计探究性作业和实践性作业，让学生敢想、乐做。只有经过长期训练，才能培养出敢于创新、善于实践的学生。另外，作业设计要体现个体差异，避免"一刀切"，毕竟每个学生的学习基础、能力、特长等都有不同，教师对此应详加考虑，设计多样化、分层次的作业，使每个学生都能充分发挥自身潜能。

第二节　小学语文深度学习教学策略

在执行"双减"教学策略过程中，教师需要重视对传统教学问题的反思和回顾，在新的教学阶段切实提升课堂教学的实践质量，使学生在学习中学会学习，降低学生在学习之外的负担和压力，使学校教育能够有效地应对传统教育的挑战。此外，教师需要创新作业布置形式和内容，使学生的课外学习和课内知识掌握形成更有效的配合，促使学生接触到的学习资源质量也相应提升，为"双减"教学的长期进行奠定基础。

一、小学语文深度学习的重要意义

（一）提高学生的语文素养

在"双减"政策的大背景下，教师要在不违反政策规定的前提下不断提高课堂的教学效率，让学生在有限的时间内高效学习，掌握应该学会的知识。教师应该引导学生进行深度学习。什么是深度学习？深度学习和传统的学习是不一样的，传统的学习是学生听从教师的安排，课堂上认真听讲，课后按时完成作业，这种教学方法完全以教师为主体，学生只是学习的参与者而已；深度学习即指学生在学习的过程中展开思维，主动地思考学习的知识，从中发现存在的问题，并通过自身的努力成功解决问题，不需要教师的监督，学生在课堂上能积极与教师互动，课外能自主阅读自己感兴趣的书籍，拓宽自己的知识面，增加自己的见闻。兴趣能让学生爱上学习、主动学习，经过日积月累，学生的语文素养渐渐就提高了。

（二）提高课堂教学成果

提高课堂效率是提升教学质量的必然措施。而想要提高课堂效率，就要改变学生以往的学习方式和教师以往的教学方式，要让每一节课都很有意义，是经过深思熟虑和精心设计的。简言之，就是教师要实现深度教学，学生要实现深度学习。教师在课前要精心准备课，将单元教学的重点和难点梳理出来，抓住语文核心教学意义，在课堂上带领学生进行有意义、有效的学习，思路明晰、主题突出，让学生明白自己这节课要掌握的知识是什么，促使学生实实在在地学习，认认真真地练习。目标明确了、知识点清楚了，学生学习也就不再迷惑了，课堂的教学效率自然也就提高了。

（三）"双减"政策能有效减轻学生和家长的压力

"双减"政策实施之前，学生的学习压力异常大，很多小学生每天的作业要做到晚上 11 点左右，周末更是没有时间休息。家长都抱着不能让孩子输在起跑线上的想法，给孩子报了各种校外辅导班。本该是孩子们娱乐休闲的时间却被各种校外辅导机构占据，家长对于孩子的学业压力也是苦不堪言。在这样的恶性内卷形势下，国家出台了"双减"政策，政策的出台自然受到小学生及其家长的热烈欢迎。但高兴之余，不免有家长担忧起来，没有作业了，家长也就不了解孩子在学校的学习情况，也不知该如何辅导孩子，会不会耽误孩子的学习？鉴于此，教育部门和学校应当认真思考，在"双减"政策下该采取什么措施来提高教学质量。

二、传统学校课程教学中存在的一些问题

教师对学生有不信任感。传统的治学思维深受儒家教育和传统教育思维的影

响，教师和家长在教学上对学生提出过高的期望，但对学生的实际学习能力却不重视。导致学生在学习中不得不应对死记硬背式教育，在学习中难以展现出自己灵活的思维，对知识学习的认知十分生硬和刻板。其中还有教师本身的教学能力问题，部分教师本身在教学中以自我想法为中心，对学生本身的学习行为特点视而不见，也导致学生在学习中形成了被动依附的学习心理。此外教师和家长强制学生以理性思考学习问题，学生在小学阶段对知识学习没有相应的理性思考能力，也导致其对知识学习的心理负担过重和对抗心理增加。对此，在新的教学阶段，教师要将学生为主体的教学思想落到实处，尝试在教学中信任学生，促使学生在学习中进行更多样积极的尝试。

学生对知识学习的认知不够清晰。任何知识学习都具有系统性，学生在学习中需要保持较宽的视野并保持清晰的目标和信心，才能使其在学习中进行更多样积极的尝试。但在传统课程教学中，教师对系统性的知识教学缺乏思考，对知识的阐述和讲解都相对散碎，影响了学生实际获取知识的效率，是导致其在长期学习中成绩无法显著提升的重要原因。此外教师额外的纪律管束、道德教育、家庭作业等内容，在一定程度上都增加了学生的心理负担，消耗了学生的精力，导致其在知识学习上出现精力不足的情况。对此教师在之后的语文学科教学中，要保持寓教于乐的教学精髓，将教学和其他教育进行有效区分，使学生有精力在知识学习中进行有效思考，继而在复杂学习问题解决上进行更积极的尝试。

学生缺乏有效的知识学习方法论。在知识学习中，任何初学者都有路径依赖。如对语文知识的学习，学生需要通过大量地阅读、记忆和实践完成。在具体的语文学科课堂教学过程中，教师要提供给学生多样的知识教学路径，使学生有机会不断接触自身的知识"边界"，进而在学习中进行更多样的积极尝试。但在实际教学中，教师对教材内容过度关注，在教学中缺乏对其他学习路径的有效引导，导致学生在学习中容易形成安于现状的心理，在学习中缺乏创新和挑战意识。对此，在新的教学阶段，教师也需要进行更多样积极的尝试，使学生在学习中融合自己的经验逐步找到更适合自己的学习路径。

三、小学语文深度学习教学开展的策略

教师保持学生为主体的教学思路。在小学语文课程教学中，首先，教师要意

识到学生自身对知识学习缺乏理性思考能力，在教学中应该更多以兴趣和现实生活为出发点，实现对学生学习兴趣的有效引导。其次，师生关系、集体学习环境对学生的学习行为也有重要影响。教师需要展示出自己的教学风格和魅力，实现和学生多样性的交流和活动，维持良好的师生关系。再次，活跃课堂教学气氛，使学生之间彼此更加熟悉和了解，在学习中保持交流竞争意识和态度。最后，教师需要保持激励性的教学策略，并坚持在教学中具体问题具体分析的教学策略，减少对学生的负面评价，在教学中对道德教育和成绩教育进行有效区分，使学生的学习精力能够有效集中，在学习中避免被过多因素干扰。

教师需要积极培养学生的独立学习思维，在语文课程教学中传授给学生更多的方法。在小学语文课程教学中，教师可以通过"信任"学生的方式培养学生的独立自主学习能力，将学习的经验传授给学生，使学生逐步摆脱对教师、对课堂教学的依赖。教师可以积极开展课外预习教学，提前设计阅读问题，鼓励学生私下对阅读问题进行自主分析和回答，在课堂上验证自己的学习结论。以此使学生的自我学习思路和方法论不断被修正，最终对阅读方式和路径形成全新的认识和体验。例如，在教学古诗词之前，鼓励学生提前对其背景资料进行调查，并尝试翻译。此外教师可以鼓励学生进行合作学习，将更多的课堂问题留给学生自己解决，使学生在交流中总结经验，在竞争中保持创新和挑战思路。在语文知识教学中，教师也需要打开学生的视野。如教师需要介绍语文是一门长期积累的学问，听说读写练习都对提高自己的语文素养大有裨益等，以此使学生在学习中进行多样尝试。

利用信息技术对关键教学内容进行总结。在语文课程教学中，教师可以利用信息技术对关键语文知识进行集中讲解，以提升语文授课的整体质量，降低学生平时的学习负担。例如，教师对语言修饰方法集中举例讲解分析，对现代语言汉字的来源，对文章的体裁、文体，对语言的逻辑问题等各种常识内容进行讲解，使学生对语文课程做到必要的多样思考，促使学生在课余学习中进行多样化的思考和尝试。

加强家校联系教学。在语文课程教学中，教师要重视布置作业的质量而非数量。在教学过程中保持和学生家长的有效联系，鼓励学生家长以科学的方式引导学生完成作业，带领学生多参与"社会实践作业"等，以此使学生在课余学习中也能获得更进一步的知识积累和能力提升。例如，教师可以给学生家长布置合理的亲子教学作业等。

把语文教学融入主题教学活动之中，以强化学生阅读理解能力。课堂教学应该是生动有趣的，不应该是死板无聊的，如果在教学中加入活动环节，能够有效提升学生的学习兴趣，达到使学生乐于参与、积极互动的目的。课堂活动不是简单地做游戏，而是要把所学的知识融入游戏中。教师可在游戏中适当地对学生进行点拨，进而引导学生向着正确方向前进，对于学习过程中的重难点加以强调、标示。同时在学生掌握重难点的基础上拓宽学生的知识面，让学生对所学习的知识进行深入理解。另外，教师在教学中还要适时地使用手势语言和声情并茂的朗诵等方法感染学生，并鼓励学生将课堂所学的知识在实际生活中加以运用，于写作中流利表达。

进一步明确教学任务和教学目标，帮助学生找到高效学习的方法。"双减"政策要求给学生减负，教师就要想方设法为学生提质增效，不能减了作业，也降低了学习效果。因此，教师要在备课、上课环节着重研究，在熟悉学生学习情况的前提下，尝试进行单元整体教学，将教材编排的内容进行重新整合，删除一些学生已经掌握的知识，精准挑选出需要重点讲解的知识，让课堂学习变得更加有效，不浪费学生的有限学习时间。

当教学单元中有多个教学任务时，教师可以结合教材课文确定一个侧重的教学任务，将本单元中的其他教学任务与其他单元的相关教学任务进行适当融合。这样既完成了本单元的教学任务，又达到了教学目标，而且学生也适应了系统化学习的模式，从而一举多得。

重构课后作业形式、优化教学评价体系。"双减"政策下，教师不能给学生布置过多的作业，这就需要让有限的作业量达到预定的效果，即教师要布置结合课堂的、有效的作业。教师在布置作业时，可以基于语文基本素养的培养，将作业分为听、说、读、写四类。教师也可以根据学生的具体学习情况布置几种不同难度的作业，让学生自由选择，学生选择后，要说明选择的理由。这样做的目的是激发学生自我反省，对于自己学习中的缺陷有明确的认知，然后通过选择相对应的作业进行加强练习。对于布置的作业，教师当然不能置之不理，教师要给学生提供作业中的答疑解惑，必要时可以进行单独的辅导，让每个学生都在自身基础上有所提高，达到深度学习。

总之，小学语文的深度学习需要教师和学生共同努力。通过深度学习提升学生的学习兴趣，培养出能自主学习、热爱学习、主动探索的全面发展的学生，不再停留在"分数为王"的时代。即在教育迈向关注学生综合素质发展的新未来，教师应引导学生努力适应时代潮流，并把语文深度学习与生活化教学、素质化教学相结合，以提升学生课堂学习效率。

第三节 小学语文智慧教育模式

语文的课程性质决定了语文不同于其他学科，是工具性和人文性的统一。语文学科不仅要教学知识，还要着重培养学生的价值观以及情感体验，切实增强学生的道德品质以及文化品位等素养。在实际教学过程中，应该与时俱进，以科学的教育理论为基础，同时结合学科学习的特点以及要求展开教学。今后教育信息化发展要着重于创新教育以及智慧教育。智慧教育理念的提出，对于教育发展也有重大影响，会带来教育理念以及具体方式的不断变化革新，形成对于整个教育模式与网络技术结合后的重塑。语文学科在这种背景下，也会越来越重视信息技术在教学过程的运用，真正做到与时俱进。如今在"双减"背景下，智慧教育对于语文教学，又赋予了新的意义。

一、智慧教育与"双减"背景

智慧教育，就是教育信息化，是用现代信息技术来促进教育改革与发展的过程。中国教育的信息化不仅需要技术设施支持，同样需要进行教育模式的转变，从而将智能技术与学校教育相融合。对于智慧教育领域，未来的智慧教育要具备五个特征：第一，学习者被视为核心，在教育过程中占据重要的地位，教学活动设计应该根据学习者的特点来提供针对性的干预。第二，教学资源应该以更加科学的方式进行分配，形成整个流程的监测分析。第三，在教学的过程中，需要确保所有决策的完成具有智能化特点。第四，在进行教学时，应该确保能够充分地实现教学资源的共享。第五，智慧教育旨在将学生培养成具有良好学习能力，善于运用信息技术，在团队协作中能够有效沟通，平时善于实践，具有解决问题的能力。现代技术提供了支持智慧教学的平台，因而在开展教学过程中，应该最大限度利用教学资源，确保将学生培养成智慧型人才。

《进一步减轻义务教育阶段学生作业负担和校外培训负担的意见》的出台，是对小学教学的一种规范。根据意见内容，小学语文学科教学时应将立德树人作为根本任务，通过多方联动，共同推进教学计划的开展，将学校教育作为主阵地，治理当前存在的校外培训机构问题，以促进形成良好的教学生态，从而促进学生的健康发展。"双减"政策将学生的作业负担问题视为重点解决问题之一，明令要求要全面减少学生作业的总量以及时长，以防止给学生造成较大的负担；提出要提升课后服务的水平，以确保学生多样化的发展要求能够得到满足；学校可以通过统筹教师排课的方式来提高教学质量，以确保课程能够获得学生以及家长的充分认可。针对"双减"政策提出的若干意见，学校应该注重自身教育质量的提高，以确保学生能够获得良好的校内教育的机会，智慧教育就是一种很有效的教育模式。

二、小学语文智慧教育模式实施的重要性

（一）小学语文学习特点

语文学科注重培养学生的知识以及技能。在教学过程中，要求卷面的书写整洁干净，保持一定的书写速度；在教学时，能够具备良好的阅读技巧，能够掌握阅读的情感以及方法，具备一定的鉴赏能力；写作时，能够掌握基本的写作方法，能够根据要求进行习作的修改；而在口语交际领域，可以根据场合的差异性进行语言表达。对于综合性的学习领域，确保学生能够独立思考并进行信息的搜集，同时可以有效地完成实际问题的处理。对于语文教学应该构建适当的方式方法，根据个体发展特点，结合智慧教学理论模式，从小学这一特殊阶段入手进行课堂构建。

小学阶段学生的学习特点也存在特异性，对于这一阶段的学生而言，此阶段的学习兴趣偏向于内在性，根据类型可以分为直接以及间接两种兴趣类型，直接兴趣即对于学习学生产生的一种发自内心的兴趣，而间接兴趣指的是由于外部的

激励而产生的一种兴趣。兴趣对于学生的学习十分重要，通常小学阶段学生的学习以感性思维为主，如果有兴趣支持，那么学生就会更加积极地进行学习，因而教师应该充分重视这一点，在课堂教学过程中引起学生的兴趣，充分调动其思维，把外在的兴趣调动起来，驱动内在兴趣的生成，从而有效地完成教学目标。

（二）小学语文智慧教育的特点

相较于传统课堂形式，小学智慧教育有其独有特点。智慧教育诞生的背景是现代技术时代，其课程的构建主要以技术为依托，以各种设备作为支持，在认字、阅读以及写作等各方面的教学以及学习中都有体现。智慧教育能够打破课堂现有的时空局限，而在学习过程中，以更加多样化的方法激发学生的学习积极性，将学生培养成智慧型人才。教师以信息技术为支持，利用各种智能设备，为学生提供智慧化的学习环境，改变传统的知识灌输模式。智能化进行教学，学生也可以更加轻松地进入教学情境之中，从而使得教学环节更加数字化、智能化。

智慧教育的另一个特点即为具有较强的互动性，注重学生以及教师之间的交流沟通。语文学科作为一门工具学科，在学习的过程中，仅仅靠聆听讲授是无法获得良好的学习效果的，还要通过互动来进行练习巩固。小学阶段的学生具有其自身的特点，活泼而具有创造力，但精力集中的时间较短，这就需要教师在了解学生学习特点的基础上，采用适当的方式吸引学生注意，以改善学习效果。利用信息化技术的智慧教育，可以以新颖独特的模式，用更加新颖的方式，达到让更多学生互动参与的目的，而学生全身心投入参与，就能减少学生注意力分散的机会，以达到教学目标要求。

"双减"政策的提出，要求全面降低学生的作业负担和校外培训负担，虽然从表面上看起来也降低了教师的作业批改以及额外的辅导任务，但实际上对于教师却提出了更高的要求。在"双减"政策下，教师要在优化作业的基础上不断提高语文教学的效率，基于这样的要求引入智慧教育模式，能够为教师的教育模式构建增添新的灵感，注入新的活力。从当前小学语文教学的现状来看，语文智慧教育模式的构建中也存在一些问题，因此，要针对这些问题进行探讨，才能在"双减"政策下进行针对性的优化。

三、当前小学语文智慧教育模式构建存在的问题

（一）智慧教育模式的构建未能尊重学生的主体地位

在小学语文课程教学中，教师要发挥智慧教育模式的更大价值，就应尊重学生的主体地位，从学生的实际学习需求出发，考虑到学生的学习需要，制定有效的策略，这样才能够提高教育教学的有效性。但实际上，在当前的小学语文智慧教育模式构建过程中，教师针对各种教学方法的应用和教学资源的引入，只按照自己的主观设计进行，忽视了适应性和针对性。这导致语文课堂教学内容繁杂，大大增加了学生的学习难度，增添了学习负担。

（二）智慧教育模式的构建未能引发教学方法的创新

智慧教育模式基于互联网和信息技术而产生。在小学语文教学的过程中，要求通过互联网整合优势资源，借助信息技术构建全新的课程教育模式，因此，教师要具备与之相应的教学方法和教学理念，才能够有效构建智慧教育模式。但实际上，一方面，许多教师只是简单地将互联网和信息技术引入课堂教学，并没有从根本上转变小学语文课程教学模式，这导致小学语文课程智慧教育模式构建形式化，缺乏适应性和整合性，学生在这样的学习活动中无法很好地进行课程的学习。另一方面，教师自身对信息技术和互联网的应用能力也成为制约智慧课堂构建的又一大原因，一些教师自身的信息素养和应用能力难以支撑教育模式的构建，导致课程教学难以提高教学质量和效率。

四、小学语文智慧教育模式的构建

（一）软硬件基础设备支持

随着现代化教育理念的普及，教育技术也在不断革新发展，教育现代化如果想要持续进行，就需要对现有的教育环境提供更加先进的软硬件设备支持，定期进行各种硬件设备的补充以及软件设备的更新。在学校的发展规划中纳入智慧教育所需要的成本内容，对于教师智慧课堂的开发提供充分的支持，学校还需要提

供信息专业技术的支持，可以划拨专项资金，为教师搭建智慧课堂所需的环境。同时发挥社会力量，吸纳民间资本，可以与外部企业进行合作，来确保智慧课堂的构建能够获得充分的资金支持。对于部分资金投入较大的终端设备，如果学校无法一次性购入，可以鼓励学生课后通过手机终端 APP 来进行交互学习，或者利用各种软件的二次开发功能进行课堂内容的学习，如微信中的雨课堂、钉钉的直播功能等，类似软件的具体应用应该从实际学习的内容出发，综合实际教学情况以及学生的需求，创设良好的外部环境，确保在满足基础成本的前提下，营造更加良好的学习环境。

（二）培训提升教师智慧教学能力

语文教学大多采用五步教学法：初步对课文进行阅读；掌握生词字；进行内容的梳理；同学之间进行相互交流；由老师布置作业。这是延续多年的一种课堂教学的样式，如今，这种教学方式仍被大量使用。但其也存在一定的缺陷，最突出的就是教学方法比较单一，学生面对这种千篇一律的教学模式，学习热情也会渐渐降低。当下很多语文教师因为深受传统教育理念的影响，对于智慧教育缺乏深入认识，未能落实小学语文智慧课堂教学，未能将网络技术与教学实践相结合。在当前"双减"背景下，小学语文教学应该遵从"减""加"适度的原则，借助信息技术，进行教学模式调整，改变单一的教学方法，用信息技术手段，达到高效低耗的课堂效果，是对于"双减"政策的有效实施。

所以，教师需要善于利用新技术对自身教学进行优化，熟练掌握运用信息技术的能力。为了更好地建设智慧教育模式，学校应该确保师资队伍具备信息技术能力，可以为教师提供培训以及自身提升的条件，并通过开办讲座的形式，邀请具有专业知识经验的专家来校进行专业知识内容的讲解。主要讲解的内容包括计算机硬件技术以及智慧课堂的专用设备技术内容，同时还应该对教师的信息素养进行综合培训，让教师了解行业发展现状，以及信息技术的应用前景，从而让教师对于构建智慧课堂有更为深刻的认知，形成对于智慧教育发展的全方位了解，同时将新的理念在实际教学中加以应用。教师是智慧课堂实施的主要条件之一，智慧课堂的构建需要从教师自身出发，不断地提升其教学的能力，深化自我素养。并要将学生作为教学的中心，以学生为主体，对其进行引导，教师成为学生的辅助者，根据学生的实际情况，不断地进行教学策略的调整，形成更加完善的教学策略模式。

（三）优化小学语文智慧课堂教学互动环节

"双减"背景下，在开展语文教学活动时，应该从课程的本质出发进行考量，学习运用语言文字，学习文学以及文化语言体系，根据课程目标确定课程内容，确定对于课程的整体评价，积极倡导用学习语言的方式进行语文学习，考察课程效益，减轻语言学习的负担。小学语文教学是多项教学任务的综合，在开展教学时，应打好阅读以及表达的基础，让学生掌握识字能力。识字主要从读、认、用三个部分完成，在教学时应该循序渐进地完成各项任务：对低年级的学生进行教学时，可以通过跟读教学模式帮助学生进行识读，在熟悉拼音的过程中，使学生的语感不断增强；对于高年级的学生，可以自行阅读，如果有不认识的字，通过查阅词典、字典的方式来进行认读。而在智慧教育背景下，能够为学生提供更加有用高效的辨别读音的软件，提供更加标准发音的同时，还能检查学生的读法是否正确，安装智能终端后，无论学生在家还是在课堂学习，都可以更加便捷地使用。当前常见的语音识别软件包括机器阅读、录音阅读、识别评价以及修正等功能，这保证了学生的学习可以得到纠正反馈，同时可以提高效率。相较于教师逐个指导学生需要花费大量的时间，这种方式可以让教师利用更短的时间，达到更好的教学效果，使得每名学生都成为学习环节的主体，教师能够充分发挥自身的指导功能。

（四）开发共享性学习空间

"双减"的"减"是为了更好地"加"，减去不必要的内容，可以将更多时间放在有意义的教学上。在智慧课堂理念的指导下，教师应该充分开发共享性学习空间，在完成课程学习之后，可以通过布置阅读任务的方式，让学生在课下通过集体合作的形式来进行相关文本材料的获取。很多学校配备了移动阅读平台设备，其主要包括云平台、云盘、终端，学生收集资料后上传到共享学习空间，能够高效地进行阅读内容的获取，避免信息的重复获取和时间的浪费，所获取的材料呈现形式会更多，更能够吸引学生的关注，学生可以在设备上登录后，直接阅读，减少了寻找文本的时间成本。

（五） 构建差异化智慧教学模式

差异化智慧教学是指在教学过程中，以技术环境为依托，来探索一系列的智慧方案。差异化教学注重对于学生个性特点的把握，做好智慧教育课程的安排，以智能技术为前提来开展教学。差异化教学是以教育制度为依据提出的一种因材施教的教学模式，在智慧技术教育的背景下，这种理论具有充分的实现空间。在进行差异化教学设计时，可以从课堂理念出发来进行教学设计，由于课程任务具有差异性，在进行教学安排时，还需要做好学生的个体情况调查，在了解学生的前提下，来推进知识点的内容。由于不同学习者对于知识的理解存在差异，而学生的水平不同，也应该进行自身的学习能力的调节。对此，教师应该充分地利用多种手段来进行课程安排，充分进行内容的交流，避免仅仅是进行课堂管理的情况，要能够对教学的内容进行引导拓展。最典型的是低年级的识字教学，不是每名学生都能够很好地掌握一类字，在信息技术的支持下，学生可以在平板上书写，有错误的地方及时反馈到教师端，教师得到反馈后，调整教学方案，在学生多次错误的地方，在课堂进行再次强调指导，而对于个别学生的错误，就可以利用课后的时间单独辅导，在不浪费课堂时间的前提下，还能让学困生得到帮助。所以，在"双减"背景之下，知晓每名学生的不足，才有利于教师调整教学方案，明确哪些需要在课堂上再次强调，哪些地方又是只需要个别辅导，充分利用好课堂时间，在有限的时间内教授更多的知识。通过智慧教育模式进行课堂安排，整个过程更具有针对性，教师还可以在课后进行线上辅导，将课程内容进行个性化的资源推送，作为课后的拓展。

（六） 教学内容联系学生生活，增强学生体验

对于小学阶段的学生来说，教师在实施语文教学时，要考虑到学生的接受程度和学习兴趣，只有学生对所学内容产生浓厚的兴趣，才会愿意主动学习探索。因此，教师在"双减"背景下构建小学语文智慧教育模式，要联系学生的生活，融入课程教学内容，增强学生的体验，这样才能够激发学生对语文课程学习的兴趣。学生有了学习兴趣，才会在积极主动参与的过程中提高课程教学效率，而语文

课堂教学效率提高，学生就不需要将太多时间花费在课后的练习与巩固上。具体来说，教师可以创设生活化的情境，让学生在参与情境的过程中强化学习体验。

（七）推动课程教学方法的多元化，突破教学重点

智慧课堂教育模式的构建为教师的课程教学方法创新注入了更多活力，教师在实现教学工作创新的过程中，可以利用微课构建翻转课堂教育模式，通过翻转课堂使学生通过课前自主预习课堂重难点知识内容的学习，提高课堂学习质量的同时也能提高课堂教学的效率。在实践中根据课程教学的内容，为学生补充明确的自主学习任务，让学生通过自主学习的方式更好地掌握知识。

（八）优化语文作业创新设计，提高学生能力

"双减"政策明确要求降低学生的作业负担，因此，教师要对小学语文作业的设计进行创新。一方面，通过语文作业的设计，拓展语文作业的内容和形式，带给学生新的体验；另一方面，教师要注重语文作业的功能，体现教师与智慧教育模式相结合，使学生在完成作业的过程中既能巩固知识，又能增强体验，从而提高自己的语文能力。

小学是学习阶段的基础，对于小学生而言，兴趣是最好的老师。学生自身的喜爱是内在驱动力，智慧教育就是外在推动力，内外加持才能打好基础，奠定好学习的基石。国家对于"双减"政策的推进，要求学校切实地从学生实际出发，改变原有的教学模式，让"双减"政策真正落地生根，这是有利于学生身心发展的政策。而通过智慧教育模式，可以有趣味性地、针对性地形成对于学生学习的引导，两者相辅相成。所以"双减"背景下的小学语文智慧教育模式研究，对于学生的未来发展具有重要意义。

第四节 小学语文整本书阅读探索

一、"双减"背景下小学语文整本书阅读的重要意义

教师在"双减"背景下引导学生进行小学语文整本书阅读，能够增强学生对

语文阅读知识自主探索的欲望，学生在整本书跌宕起伏的情节阅读过程中，还能体会到讲文学习的独特魅力，从而让学生吸取书中文字创作的优点，增强自身的思维品质，促进学生的语文综合发展。除此之外，教师在"双减"背景下，有效利用课外时间，引导学生进行整本书阅读，也能让学生感受到语文学习和生活之间的联系，从而在生活中探究语文。在语文学习中感知生活，促使两者之间相辅相成，从而达到意想不到的教学效果。由于整本书阅读能开阔学生的语文学习视野，教师在"双减"背景下引导学生进行整本书阅读，还能让学生感受到语文世界的广袤无边，从而使学生愿意参与到语文学习中提高自己的语文综合水平，完成教师在小学阶段激发学生对语文知识自主探究意识的教学目标。学生在整本书阅读过程中，也能丰富自身的语文学习体验，以此让学生打心底爱上语文。

二、"双减"背景下小学语文整本书阅读的具体策略

（一）尊重学生主体地位，引导学生进行阅读

在传统的讲文教学中，教师也经常采用整本书的阅读方式，开阔学生的语文视野，但是在之前的教学中，教师追求的是阅读的效率，于是经常采用硬性规定的方式来促使学生通过完成各种阅读任务，丰富自己的文化知识储备。学生虽然能在教师的规定下，完成阅读任务拓宽视野，但是久而久之也对学生的阅读积极性造成了打击，不利于学生进行长期的阅读。所以，教师在"双减"背景下引导学生进行小学语文整本书阅读时，应当尊重学生主体地位，挑选符合学生阅读水平的书籍，并且做到自主阅读和自主分析。例如，在整本书阅读正式开始之前，教师可以先做简单的问卷，让学生根据事实完成问卷，评估出学生的性格以及当前的语文综合水平，在得出数据后，教师根据调查问卷的结果，确定学生的阅读兴趣，给学生推荐相应的阅读书籍。如教师可以给心思细腻的女生推荐《绿野仙踪》《伊索寓言》等，而对思维活跃的男生，教师则可以推荐《父与子》等。这些书籍中都有跌宕起伏的故事情节，能使学生在阅读过程中感受到讲文学习的独特魅力，在激发学生自主阅读欲望的同时，也让学生在课外去自主阅读书籍，以此达到增强整本书阅读有效性的目的。许多学生在经过本节课学习后，不再认为整本书阅读是为了语文学习才去阅读，而是因为自身兴趣去阅读，这就让学生重

新认识了整本书阅读。同时学生在接下来的整本书阅读过程中还会主动与教师交流，探讨阅读中的问题，也能促使学生在潜移默化中形成语文自主学习意识。

（二）结合讲文教材内容，提高阅读的有效性

通过教师的观察发现，小学生的学习思维活跃，但是自制力明显不足，在阅读过程中过分追求故事的情节，而不注重故事当中的细节，这就无法使整本书的阅读效果达到所预期的目标，也无法增强学生的语文思维品质。因此，教师要认识到学生接触语文知识的主要途径还是通过教材，教师在推荐学生相应的阅读书籍，引导学生进行阅读过程中也要结合教材内容，让学生感受到语文知识和生活之间与整本书之间息息相关，这就促使学生在接下来的整本书阅读中能回顾课堂知识，也能在课堂知识的学习过程中找到与整本书阅读之间的密切联系，以此在巩固学生课堂记忆的同时，又维持着学生进行整本书阅读的兴趣。

（三）采用信息化学习途径，丰富学生阅读感官

信息化时代的发展，给人们的衣、食、住、行四个方面带来了巨大的变化，对小学语文教学也带来了强烈的冲击。信息化教学促使学生在学习和阅读的过程中，不仅能吸收文字知识，还能在阅读的过程中听到声音、看到画面，丰富感官的同时，也让学生愿意参与到整本书阅读过程中，这就丰富了学生的阅读体验。教师在"双减"背景下可以运用信息化途径，让学生感受到语文阅读并非局限于教材或者书本，还能通过视频的方式了解更多的语文知识，这就营造了良好的整本书阅读氛围。教师采用信息化学习途径，在丰富学生整本书阅读感官的过程中，可以结合学生的阅读特点以及生活兴趣，设计有效教学资源，让学生通过阅读和观看视频达到丰富语文想象思维的目标。例如，教师在引导学生阅读《西游记》这本书的过程中，就可以搜索有关《西游记》的动画资源，通过视频剪辑的手段，设计微课教学资源，上传到班级的群文件中，让学生家长下载后和孩子共同观看。学生在观看视频的过程中，就会被孙悟空的活泼、猪八戒的幽默所吸引，同时了解到《西游记》是根据唐代的玄奘大师去印度取得真经的经历改编而成的，这又激发了学生进行整本书阅读的兴趣。通过学生的阅读和对观看视频的对比，学生了解到在语文学习中，应当通过多种形式去探究语文知识，这就延伸

了教师开展整本书阅读教学的效益。许多学生经过本节课学习，在日常生活中也会自主探究语文知识，并且在经历一些事情之后，学生也会自发组织并运用已经掌握的语言，通过小作文的方式，将自己所经历的事情呈现在大家的眼前。本节课的学习不仅增强了学生自主创作意识，也检验了学生进行整本书阅读的效果，同时也让学生在接下来的语文整本书阅读中，能够做到利用信息化途径方式自主探索语文知识。

（四）教会学生正确阅读，提升书籍阅读效果

学生在进行整本书阅读时。大部分会去阅读故事情节，较少部分会对故事中的人物展开探析，很少有学生会从整体上去分析整本书，这是因为学生没有掌握正确的阅读方法。所以，教师在"双减"背景下，引导学生进行阅读过程中就应当重视阅读的有效性，先教会学生如何去阅读，再让学生进行阅读，从而使学生整本书阅读收获的知识更广阔。思维导图是当前颇具盛名的学习方法之一，它能整理语文知识点之间的关系，也能让学生通过思维导图的观看对自己所掌握的知识记忆更牢固。教师可以选择在合适的时机，引导学生运用思维导图辅助自身，更好地阅读整本书。例如，教师在学生进行整本书阅读之前，可以先挑选已经学过的一篇文章，用思维导图将文章分解成时间、地点、人物、事件四大元素，通过让学生了解到这四要素之间的联系与不同之处后，再让学生进行整本书阅读。这时教师也可以让学生通过思维导图的绘制与填充，将整本书知识分解成不同的思维导图，从而使学生知识记忆更巩固的同时，也提高了学生的阅读理解能力。许多学生在经过本次整本书阅读过后，认识到了思维导图的便利性，于是在接下来的语文学习过程中，遇到了较难的阅读知识，学生也会运用思维导图将文章进行拆解，然后逐步了解和学习。这就帮助学生在潜移默化中提升了自己的解题能力。同时，学生在接下来的语文学习过程中，也会养成利用思维导图进行总结归纳的良好习惯，这就整理了学生的语文思维，也让学生在进行语文自主学习的过程中形成自己的学习体系，促使学生在课堂中能产生事半功倍的学习效果。

（五）让"三分钟"超过"半小时"

小学阶段，培养学生阅读兴趣，让其养成每天阅读的习惯，是教学的主要任

务。教师要做好学生阅读的引路人，每天给足学生阅读的时间，提供阅读交流的平台，让阅读常态化，让学生把读书当作每日吃饭、睡觉一样习以为常，让班级、家庭无处不充满读书的声音，看到读书的影子，营造浓厚的班级、家庭读书氛围，这才是最成功的阅读教学。

1. 利用"课前三分钟"，发挥大作用

每天利用三分钟时间，开展"好书分享""我来读""我推荐"等活动。"课前三分钟"有专门的主持人，有记录员，有摄影师，形成了一个学生自我组织的团队。主动参与此项活动的学生得提前报名，需要制作精美的海报，还要把所分享的书带给"工作人员"评审，只有有益于大家身心健康发展的书，方可通过审核，才能在班级中分享。这三分钟，讲台可以成为学生展示自我的绚丽舞台。例如有两个学生在"课前三分钟"的时候推荐了《哈利·波特》这套书之后，相继又有人在"课前三分钟"时进行《哈利·波特》电影的配音、《我是小哈利》的表演等，个个都成了"哈迷"。同伴的影响作用已经超过家长和教师了。实践证明，每天的"课前三分钟"，发挥的作用远远超过教师授课30分钟。

2. 拍摄三分钟微视频，营造读书氛围

"双减"政策要求一、二年级学生不布置书面家庭作业，三至六年级学生的书面作业完成时长不得超过一个小时，这是对孩子身心健康发展的一项重要保障举措。"双减"政策保证了学生回家后有时间参加户外活动，能做自己喜欢做的事情。那如何做到"减量"又"提质"呢？就是让读书成为学生的兴趣爱好，这是当前语文教学的头等大事。浓厚的读书氛围能促使每一个学生产生读书兴趣，除了学校里教师的引导、同伴的影响，家庭的读书氛围也同等重要。为此，教师可让学生自由组队，四个家庭组成一个读书兴趣小组，建立读书交流群，四个家庭选择同一本书读，每一次读完后，父母和孩子一起拍摄一个三分钟的微视频，在读书小组内交流。让孩子、家长之间互相带动，长期坚持下去，培养的就不只是一个孩子，而是一个家庭。三分钟的微视频，折射出的是良好的家风，将影响孩子一生。

（六）由"重结果"变成"重过程"

当前，很多学校把考试作为整本书阅读的目的，出现了导读课"只导不读"、

交流课"只答题不交流"的现象，甚至有教师在上交流课时用试卷的形式来检测学生的阅读成果。在整本书阅读教学中，教师始终要和学生保持同步阅读，更应该关注学生的阅读过程，掌握学生的思维发展情况。例如，在阅读《鲁滨孙漂流记》这本书时，可以引导学生绘制时间轴，梳理关键事件，把握故事梗概。时间轴的绘制不是一蹴而就的，而是伴随阅读的整个过程的，可以分步进行。教师要每天关注学生读了多少、时间轴的内容更新了哪些。

又如，在阅读《查理和巧克力工厂》的时候，针对二年级的学生年龄小、好奇心强的特点，引导学生每天阅读之前进行预测。例如，长辈凑钱给他买的生日巧克力里面有没有金奖券？读完后让学生聊聊自己的预测和书中的内容是否一样。《查理和巧克力工厂》这本书大概需要一个星期读完，那么教师或者学生可以每天提出一个问题进行预测，边读边验证预测结果，如此反复。一方面，鼓励学生大胆猜测，发展其想象力，提升探究力；另一方面，也让学生在阅读过程中体验到预测的乐趣。像这样，学生在感受预测有趣的同时也掌握了阅读的方法。教师每天花费很少的时间和学生聊一聊，实际上是在了解其阅读的过程，阅读过程远比阅读结果重要，因为让学生在阅读的实践中学会阅读，是阅读教学课程最基本的价值。

随着"双减"政策落地生根，减轻学生的书面作业负担是首要任务，但是"减负"并不意味着"减质"；相反，语文教师应该紧紧抓住读书这个"牛鼻子"不放松，给予学生正确的导向，要将培养阅读兴趣、养成阅读习惯当作头等大事。只有在阅读方面"增量""提质"，才能提升学生的语文素养。

综上所述，教师在"双减"背景下，重视整本书阅读的作用，引导学生进行整本书阅读，都在成为必然的趋势。教师除了要运用以上的策略外，还应秉持以生为本的教育理念，学会站在学生的角度思考，尊重学生的学习天性，并且发挥其优势，让其在接下来的语文阅读和学习过程中，能够通过教师的正确引导，树立积极向上的阅读心态。

第四章　小学语文阅读教学内容

第一节　阅读教学的意义和要求

一、阅读教学在语文教学中体现出的价值意义

阅读是语文基础构成的重要教学环节，但同时也是基础教学任务。小学语文教学所有环节中以阅读最为耗时，对课时的占比最大，同时在阅读中所耗费的教学精力最大。这是因为阅读质量在一定程度上会对语文质量产生直接影响，良好的阅读是实现高效语文教学的重要保障，更能对小学阶段完成语文教学目标起到至关重要的影响，课程大纲中对教学所提出的要求是否完全实现以此为据。在部分人的认知中，学生在写作中没有体现出较高的水平，主要是因为没有受到良好的写作教学，其实不然，学生自身作文不出彩，本质上与写作教学所使用的方法不正确具有一定的关系，但阅读教学则是最为直接的影响因素。这是因为在阅读中实际教学没有较大的阅读量，实际阅读积累知识较少，在写作中没有过多的素材，则写作能力的提升宛如天方夜谭。在语文教学中，整体教学质量受到阅读教学的直接作用，因此，在语文教学中应把阅读放在教学第一位。

（一）　阅读教学识字的重要途径

汉字是音形义的统一体。所谓识字，就是在头脑中建立起音形义三者之间的联系，即看到一个字，就能读出它的音，知道它的意思。汉字的三个要素之中，字义是核心，因为离开字义，字就成了毫无意义的符号。从掌握字义的角度看，阅读是识字最有效的途径。识字的难点在于巩固，而在各种巩固的方式之中，把生字放在语句里，通过阅读去巩固，是效果最好的一种方式。正是由于这样，所以目前尽管识字教学的流派很多，但不管是哪一个流派，采用的是什么方法，都

是主要借助阅读来巩固的。汉字具有一字多音、一字多义的特点，多音字只有在词句中才能读准字音。结合阅读来识字，对于提高识字质量，促进语言发展，有着重要的作用。

（二）阅读教学是语言教学的基础支撑

阅读教学注重对学生书面文字应用的解读能力提升。现代汉语书面的使用与口语的表达具有一定的差异，但在语言文字的发音、词汇的含义与语言方法系统构成等基础部分基本相同。为此，促进学生的阅读能力提升，同时可以推动学生语言听力能力提高。阅读是以积累为目的，但根本目标是实现对知识的吸收，交流沟通与写作是表达渠道的主要构成。在表达能力的提升中应该多加应用相关因素的引导，最为重要的是对能力的明确认知，促进对语言的感受，以此培养良好的语文素养。阅读教学有利于提高学生词汇的积累，通过各种句式的学习，提高对语言的表达，为语言的良好使用奠定基础。同时，阅读还可以促进学生认知度的提升，可以对生活中所积累的素材做到精准应用。正因如此，"读书破万卷，下笔如有神""劳于读书，逸于作文"等说法，一直被人们视为经验之谈。

二、阅读教学的要求

（一）浓厚的阅读兴趣

兴趣是力求认识世界、渴望获得知识和不断探索真理而带有情绪色彩的意向活动，它是学习动机中最现实、最活跃的成分。事实证明，有浓厚的兴趣，才能有积极的探索、敏锐的观察、牢固的记忆和丰富的想象；有浓厚的兴趣，才能倾注巨大的热情，保持旺盛的精力，不畏登攀的艰险。无论是学习还是工作，无论是学习哪门学科，无论是语文学习中的阅读还是识字、作文，都需要有浓厚的兴趣。那么，大纲为什么要突出强调阅读兴趣呢?

阅读是一个从文字作品中提取、加工和运用信息的过程，是一种最基本的学习活动。人类的学习活动有多种方式，如听讲、实践、实验、练习等，但在各种方式之中，阅读是一种最经常最基本的活动。"学会学习"固然包括许多内容，但首先是学会阅读。在现代社会，不会阅读，不会学习，就难以正常地生活；而学会了阅读，养成阅读的习惯，就为终身学习、发展奠定了一个必要的基础。要学会阅读，养成阅读的习惯，就必须对阅读有浓厚的兴趣。

（二）初步的阅读能力

初步的阅读能力有如下具体要求：第一，把握文章的主要内容；能借助词典，理解词语在语言环境中的恰当意义，辨别词语的感情色彩；联系上下文和自己的积累，推想课文中相关词句的意思，体会其表达效果。第二，体会作者的思想感情，并有自己的见解。第三，在阅读中揣摩文章的表达顺序，初步领悟文章基本的表达方法。第四，能用普通话正确、流利、有感情地朗读课文。第五，学会默读，并有一定速度，默读一般读物每分钟不少于 300 字，并能边读边思考。第六，学习浏览，能根据需要搜集有关材料。

（三）良好的阅读习惯

学习习惯的培养，尤其是早期培养，对人一生的发展至关重要。一个好习惯，往往能造就一个人；一个坏习惯，甚至可以毁掉一个人。教育是什么，往简单方面说，只需一句话，就是养成良好的习惯（整个人生各方面的习惯）。从小学老师到大学教授，他们的任务就是帮助学生养成良好的习惯。那么，阅读能力和良好的阅读习惯之间是什么关系呢？一般来说，一个人阅读能力的养成，大体要经历"兴趣—习惯—能力"这样一个过程。可以说，没有良好的阅读习惯，要培养较高阅读能力是不可能的。

第二节　阅读教学的过程

阅读教学，是在教师指导下，学生主动进行阅读实践，并在阅读实践中逐步形成和提高阅读能力的过程。阅读教学的过程，是一个外延宽泛的概念。它可以指整个小学阶段的阅读教学，可以指一册课本的阅读教学，可以指一组（单元）课文的阅读教学，也可以指一篇课文的教学。这里讲到的是整个小学阶段的阅读教学过程和一篇课文的教学过程。

一、小学阶段阅读教学的过程

小学阶段的语文教学是一个整体，阅读教学是其中的一个重要部分。单就小学阶段的阅读教学而言，它又是一个整体，各年段、各年级的阅读教学是其中的一部分。

研究小学阶段阅读教学的过程，一要明确教学所要达到的目标，二要研究怎样一步一步达到目标。小学阅读教学的主要目标，一是培植阅读兴趣，二是培养初步的阅读能力，三是养成良好的阅读习惯，四是丰富语言积累。这四项任务应贯穿整个小学阶段，又应循序渐进，螺旋上升。低年级学生刚开始学习阅读，要特别注重阅读兴趣的培养。低年级学生机械记忆力较强，要充分利用学生的这一优势，通过各种生动有趣的形式，让学生背诵尽可能多的诗文，以丰富学生的语言积累。

中年级学生已经认识了 2000 个左右常用汉字，阅读一般儿童读物不会碰到多少生字。因此，要继续重视培养学生读书的兴趣，鼓励学生大量阅读。要通过实践，逐步指导学生养成查字典的习惯。通过多种途径，使学生养成课外阅读的习惯。

到了高年级，要进一步强化学生的读书兴趣，特别是要把学生只爱读故事、童话的兴趣转化为广泛涉猎。在阅读习惯方面，要基本养成认真读书、认真思考的习惯，不动笔墨不读书的习惯，使用工具书的习惯和课外阅读的习惯。

二、一篇课文教学的过程

（一）安排一篇课文教学过程的基本原则

安排任何一篇课文的教学过程，都要考虑教学目标、教学内容、教学程序、教学方法四个基本问题，在思考这几个方面时，应注意以下四点：

1. 在教学目标上，要突出自学能力的培养

学生须能读书，须能作文，故特设语文课以训练之。最终目标为：自能读书，不待老师讲；自能作文，不待老师改。这里所说的"自能读书"，就是阅读教学要培养的自学能力。要培养自学能力，教师的教就要着眼于学生的学，教法

服从学法，教法渗透学法，用教法指导学法。对目前比较流行的学法指导，既不应一概排斥，也不宜盲目搬用。

2. 在教学内容上，要突出重点、难点

从内容方面来说，或叙述事件，或阐述道理，或抒发感情，或介绍知识。从形式方面来说，又无不渗透着字词句段、语修逻文之类的知识，可谓麻雀虽小，五脏俱全。因此，阅读教学往往面面俱到，这是阅读教学效率不高的重要原因。面面俱到的思想根源在于，老师总认为学生学习任何一篇课文都是从零开始的，而且学习任何一课书里的任何内容（字词句篇）都必须一次掌握。而事实上，任何一个学生学习任何一篇课文都不是从零开始的，学生真正掌握任何一种语言形式（比如一个字、一个词或一种句式），一般都不是在学习一篇课文中完成的。

3. 在教学安排上，要突出学生自主的语文实践活动

课标明确指出："学生是语文学习的主人。""在教学过程中，要加强学生自主的语文实践活动。"这里强调的一个是"自主"，一个是"实践"。教学，归根结底得学生自己学习，教只有通过学才能起作用。所谓自主学习，不是说学生可以随心所欲地想干什么就干什么，而是说，学生应该在教师的组织、指导下，主动地、积极地安排自己的学习活动。

4. 在教学方法上，要突出启发诱导

运用启发诱导的方法，应该做到：第一，充分了解学生的实际，从学生的实际出发，确定教学的重点、深度和广度。常常听到老师们讲学生"启而不发"。其实，"启而不发"的原因主要是教师的教学内容、教学方法脱离了学生的实际。第二，教师的提问、讲解、点拨都要富有启发性，使学生愿意并能够积极思考、独立探索。启发并不排斥讲解，关键在于讲解能否起到触发学生积极思考的作用。第三，提倡在学生读书思考的基础上，通过教师的指点，围绕重点展开讨论和交流，鼓励学生发表自己的见解。

（二）低年级一篇课文教学的一般顺序

低年级是阅读教学的起始阶段。这个阶段课文内容浅显、篇幅短小。根据这样的认识，低年级一篇课文的教学，大体上可分三个阶段：初读、熟读、理解

地读。

1. 初读

初读的要求是读正确，即用普通话把每个字的字音读准确、读清楚，还要不丢字、不添字、不颠倒、不重复字句、不顿读、不唱读。

初读，作为一个教学环节，主要应做好以下四点：第一，激发学生读课文的兴趣。可用生动的导语、创设的情境等，激起学生阅读课文的愿望。第二，指导学生借助拼音把课文读上几遍，要求学生能正确地读出课文。第三，在学生读过几遍课文、基本上能读准生字的音的基础上，让学生自己看着课后的生字表读一读，然后教师通过各种方式检查学生认读生字的情况。第四，在学生充分准备的基础上，让几名学生（最好选中等生和学困生）分段读一读。

2. 熟读

熟读的要求是读流利，即读得通顺流畅，比较熟练。熟读阶段，一般应做好以下三点：第一，借助各种教学方法和手段，使学生一直保持读课文的兴趣；第二，可限定时间，让学生自己反复读课文，读的遍数越多越好；第三，通过多种方式，检查学生是否读熟了课文，如指名朗读、句段填空（不看课文）等。

3. 理解地读

一般应做好以下三点：第一，提出问题。对这些问题，大多可让同学间相互讨论解决；少数问题可由教师加以点拨，让学生自己做出结论；个别问题可由教师做简明扼要而又富有启发性的讲解。第二，指导学生个人练读。着重要求进入课文描述的情境，体会作者表达的感情。第三，指导学生试读。可采取分段读、分角色读等方式。对学生读得不理想之处，教师应先让学生理解它的内容，体会它所表达的感情，然后辅之以教师或读得较好的学生的范读，适当做一些朗读技巧方面的提示，如重音、停顿的处理等，切不可在学生尚未体会到课文感情的时候，硬性要求学生用什么样的语气读，哪个词要读得重一点等。

"理解地读"这个环节集中体现了"以读为主，寓讲于读"的精神。它不要求教师专门安排讲解内容、分析内容的步骤，只要求教师指导学生有感情地朗读。而指导有感情朗读的过程，实际上是一个指导学生理解语句和内容、体会思想感情的过程。比如"小壁虎爬呀爬，爬到小河边"，这一句，学生开始试读时，一般都读不出作者表达的感情，当老师指点学生"为什么不说'小壁虎爬到小河边'，而要说'小壁虎爬呀爬，爬到小河边'"之后，学生领悟到"爬呀爬"说的是爬的路程远、时间长，自然就会读出相应的语气。可见，立足指导学生有感情地朗读，当学生读不出相应的感情时，教师加以指点，既可以把指导理解和指导朗读统一在一起，又避免了无的放矢地烦琐分析和讲解。需要说明的是，目前不少教师在安排教学顺序时，是先指导学生理解地读，然后再让学生熟读，我们这里的安排为什么正好相反呢？这主要是从阅读过程的特点，特别是低年级学生阅读特点考虑的。一般来说，低年级学生开始读一篇课文时，着眼点主要放在把字读正确上，很少去思考文字所表达的内容和感情。当他们能正确地读出课文以后，再读的时候，才会慢慢地把语言文字和表达的内容、感情联系起来，读的遍数越多，理解得也就越深入。因此，当学生能把课文流利地读出来的时候，应当说，课文里的词句和内容大部分就在自主阅读中理解了，在这个基础上进入"理解地读"，对学生来说，需要解决的就只是个别难点了，这就可以收到事半功倍的效果。如果在学生刚刚能读正确的时候，就指导学生有感情地朗读，可能不少问题都需要教师指点、讲解，岂不是事倍功半。当然，教学顺序不是一成不变的，可以从教材和学生的实际出发灵活安排，比如一些距离学生生活实际比较远的课文，即使读过多遍，有些内容学生还是不懂，类似这种情况，就不如先引导学生大体理解课文内容和文字之后，再让学生熟读。

（三）中、高年级一篇课文教学的一般顺序

1. 自读自悟

这个环节的基本要求是：学生能正确、流利地朗读课文，基本上读懂课文，并能提出通过自己阅读思考尚难以解决的问题。这个环节在全部课时中大约占一半的时间。教师在这个环节应做好以下三点：第一，激发学生阅读课文的兴趣；第二，提出自读的基本要求，提示阅读的步骤和方法；第三，指导学生把课文读正确、读流利，并在读得正确、流利的基础上，初步把握课文的主要内容，揣摩文章的思路和表达方法。

这个环节可从课文和学生的实际出发，分为若干个步骤。一般来说，首先应有能激起学生阅读本课兴趣的导语，并提示阅读要求；然后让学生朗读，朗读的

次数可根据实际胡定，但必须做到正确流利，并能达到从整体上把握课文内容的程度；再让学生分段精读，着重理解课文的词句、内容和思路；最后让学生提出自己不懂的问题。

习惯了上课就是听老师讲课的学生，可能有些不习惯。他们习惯了跟着老师亦步亦趋，老师讲，他们听；老师问，他们答；老师让读某一段，他们就读某一段，读完了，就坐在那儿等待老师的下一个环节。有鉴于此，开始指导学生自读自悟时，一要讲清这样做的意义，二要千方百计培养学生自读自悟的习惯与兴趣，三要提示自读自悟的方法、步骤。在开始指导学生自读自悟时，可以"小步前进"，即把自读自悟的环节分作几步，每一步都先提出明确的要求，然后让学生读读悟悟，以便使学生逐步掌握自读自悟的步骤、方法。

学生自读自悟也给教师提出了新的课题。当学生自读时，老师干什么？有的老师总想把自己理解课文的结论讲给学生听，这当然不符合自读自悟的要求；也有的老师就站在那儿，等着学生把课文读完，这是在浪费宝贵的时间。其实，这个环节，正是教师因材施教、帮助个别学生的良好机会，教师应充分利用这个机会。

2. 交流讨论

这个环节的基本要求是：交流读书心得，突破重点、难点，进行语感训练。第一，有助于深化学生阅读的感受，提高阅读能力。学生在阅读过程中的感受，往往是朦胧的，而交流，就得把自己那些朦胧的感受组织成清晰的语言。这个过程，实质上是一个深化阅读感受的过程。第二，变师生的双向交流为师生、生生之间的多向交流，可以发挥课堂教学的优势，使学生之间取长补短、互帮互学。第三，有助于调动学生学习的主动性、积极性，激发学生认真读书的兴趣。

学生的讨论和交流，要兼顾内容和形式两个方面。可以在学生自读前就提出一些基本要求，如本课主要讲的是一件什么事，文章是怎样叙述这件事的，找出一处你觉得写得最好的地方（可以是语段，也可以是词句），想想好在哪里，提出一个你反复读反复思考还解决不了的问题等。教师在引导时，要特别注意那些可以强化学生语感的地方，指导学生去品味、欣赏。对学生在交流中提出的有关语感方面的感受，要给予充分肯定，以便把学生的读书引导到既注重内容又注重语感上。对学生在交流中提出的独立见解，特别是那些同教师、教材和其他同学不同的见解，除明显错误的外，都应予以鼓励。学生的交流、讨论可先在小组进行。教师可在了解小组讨论情况的基础上，让那些抓住文章精妙之处并确有自己见解的同学，在全班讨论时重点发言。教师要善于在讨论基本达到预期目的的情况下，巧妙地把教学过渡到下一个环节。

3. 读背说写

这个环节的基本要求是：积累、运用。这个环节可做的工作主要如下：第一，指导学生有感情地朗读课文。可朗读全文，也可朗读片段，还可让学生朗读自己最喜欢的语段。第二，指导学生背诵。可背诵全文，可背诵片段，也可背诵语句。第三，让学生抄写、听写、默写段落或词语、句子。第四，指导学生复述。第五，结合课文，指导学生练笔。第六，字形分析和书写指导。第七，指导学生做一些有助于积累、运用的其他练习。上述工作中，有感情地朗读课文、生字的字形，其他各项从课文和学生的实际出发，选择一两项即可。

第三节　阅读教学的内容和方法

阅读教学的内容包括词、句、段、篇的教学和朗读、默读、复述、背诵等阅读基本技能的训练。

一、词语教学

（一）词语教学的内容

词语教学包括三方面的内容：一是正确地读出和写出学过的词语；二是懂得词语的意思；三是注意积累词语并能在口头和书面表达中正确运用。有些词语是由暂不要求掌握的生字组成的。对这类词语，只要能准确读出即可，不必要求书写。

（二）指导学生理解词语的方法

词语是反映客观事物的抽象符号，指导学生理解词义，就是帮助学生建立起词语和它所反映的事物之间的联系。指导学生理解词义的具体方法要因词而异，主要有以下四种：

1. 直观

词语是一种抽象的概念。小学生抽象思维的能力不强，用直观的方式，可以使学生对词义的理解有具体形象作为凭借。常用的方法是，表示事物名称，又是学生不熟悉的词语，可以用实物、标本、图片、幻灯等，使学生观察事物的具体形象，得到清晰的认识。

2. 联系上下文

阅读教学中联系上下文理解词义，是最常用、最重要的教学词义的方法。这是因为，汉语中一词多义的情况很多，不少词有两三个意思，有的甚至有七八个意思。弄懂词义是为了理解课文，这就要指导学生切实理解词语在课文中究竟是什么意思。在许多情况下，词语的意思可以从上下文中揣摩出来。

3. 联系学生的生活经验和知识积累

学生对事物的认识，不是上小学学习语文后才开始的，他们在生活中已经对很多事物有了初步的认识。课文中的词语所反映的事物有的是学生经常接触到的，只要联系生活实际，意思就很容易理解。联系学生的生活经验和知识积累，还可以引导学生用熟悉的、浅显易懂的口语去解释书面语言，用普通话去解释方言。这些都有助于学生准确地理解词语的意思。

4. 比较辨析

词汇教学还要注意培养学生准确地用词造句的能力。因此，课文中用得准确恰当的词语，要找出典型的，在阅读过程中引导学生加以比较辨析。在词语教学中应注意以下问题：

（1）指导学生理解词义，应贯穿整个阅读教学过程

根据词语的不同情况，处理方式应有所不同。有的词语，在学生通读一遍课文之后就指导学生理解。这些词语，是指学生如果不首先弄懂，就会妨碍理解课文内容的词语；是指学生很难从上下文中领会它们意思的词语。大多数词语，要在学生自读或讨论交流中指导学生理解。

（2）词语教学的方法在不同年段应有所不同

在低年级，理解词义与识字是紧密联系的。小学阶段要学会 2500 个常用字，这个识字任务有一半要在低年级完成。低年级课文中的新词几乎都含有生字，对这些新词，既要指导学生理解词义，又要指导学生读准字音、写对字形。到了中、高年级，学生识字量逐步增大，课文中的新词大多由熟字组成。这些词语，学生会读会写，教学的重点应是准确地理解词义。还有一些熟词在新的语言环境中有了新的意思和作用，也需要结合具体的语言环境指导学生准确理解。在低年级，教师要在引导学生理解词义的过程中教给学生理解词义的方法。到了中、高年级，学生已经具有一定的理解词语的能力，教学时主要应放手让学生通过自学理解词语，教师做适当的检查，使学生理解词语的能力在反复实践中得到锻炼和提高。

二、句子教学

（一）句子教学的内容

句子教学包括三方面的内容：一是建立句的概念，能把一句话一句话分辨清楚；二是准确地理解句子的意思；三是从具体意思上知道句子与句子之间的关系。建立句的概念，有一个逐步提高的过程。这是最基本的训练。进一步，要引导学生认识句子是由词按一定的顺序组织起来的。

（二）句子教学的重点

句子教学的重点是准确地理解句子的意思。一篇课文包含若干个句子，进行句子教学，没有必要逐个指导理解所有的句子。这是因为在课文的构成中所有句式的组成，对于学生而言具有较小的难度，如果在阅读中对力气做到均等划分，则会导致教学整体效率降低，是教学资源的浪费；此外就是句子构成下不同句式之间的关系而言，应该分为主次价值提升，采取区别教育的方式，教学过程中教师应该注重对多种特殊句式的重点教学，提高学生对特殊句式或价值性句子的理解程度。

第一，句子内容难度较大，与生活之间具有较大的差异性。在课文中使用词汇或是句式对于通常教学方式而言具有一定的夸张或抽象性，学生在理解中具有较大难度，为此，需要教师适当引导学生对词汇进行感受。教师提高对特殊句式中一些难度较大词汇的应用，确保学生在阅读过程中，能够不会因为个别词汇影响对整个句子的理解。

第二，句式结构复杂，句子划分困难。句式构成各有不同，主语的区分是确保句式意思的基础，对于学生而言，句式过于复杂，难以明确辨别主语、宾语，则在阅读中可能对句子含义难以直接理解，教师应该引导学生对句式中的烦琐成分进行缩减之后，抓住重要部分，以此加强对句式含义的理解。

第三，句子构成中具有一定的内涵意义。一些句子就字面而言可以理解为一种含义，但在字面意思之下同样蕴含更深刻的道理，需要反复阅读，用心进行感受与思考，即使这样，在实际阅读下以及对情感的领会，同样具有较大的难度。为此，对含义深刻的句子，应帮助学生在了解文字表面含义的基础上，体会深层内容，感受语言所表达出的情感。

（三）方法传递提高学生对句子的理解度

语文阅读作为教学活动的实施基础，对学生在阅读上的根本要求，是对句式含义的理解。为此，在理解过程中使用的方法较多，通常分为两部分内容。第一，与文章上下部分相联系；第二，与实际体验或生活相关内容产生联系。

首先，应该引导学生在句式学习上与上下文章内容相结合，对句式含义进行理解。所谓的联系上下文，理解句子含义就是将句子与上文、下文中意思相关或内容相同的部分结合，将所有文章中相同句式一同解读，以此对句子的本意进行理解。

其次，与生活相联系，构建实际感受，提高对句式含义的理解。学生的阅读是对未知内容进行感受，以此转化为已知的知识内容。句子的理解，则与其具有一定的差异，句子是以已知知识作为基础，对其进行理解，从而对全新的知识学习掌握。学生在句子理解过程中与自身实际体验相结合，或是与相似生活经验相结合能够帮助其在已知内容与新知识之间构建交流渠道，加强对句式的全面理解。与生活中的实际情况相联系，对句式进行理解，可以帮助学生对句子中所蕴含的情感做到更好的体会。句子中蕴含的情感虽然是作者所赋予的思想，但人之间的情感往往可以互通，教师对情感之间的联系进行寻找，使得学生在阅读中能够通过文章实现与作者思想共鸣。

在句子的理解中，通过与上下文进行句意联系与实际生活相关联，是阅读学习的主要方法。一些句子在结构组成中具有一定的复杂性，需要对主干做到核心把握，教师需要在阅读中根据文章不同句式使用下所呈现出的不同情况，采取针对性的方法，帮助学生加强对句式的理解，是对学生可以在方法应用下寻找更好的有助于自己学习句子的方法，提高对句子的深入理解，强化阅读能力。在小学语文教学中，阅读贯穿各个年级，为此对句子的教学应该提高重视度，确保在所有课文中能够通过教学体现。

三、段落教学

段落，是由大量句子构成发展而成的，是文章中的单位形式之一，具有一定的意义性。就形式而言，再次重起一行并在开头空两格所书写的话语则被称为段落，同时也称之为自然段。在段落教学中就字面意思而言，是对自然段进行教学，小学阅读教学需要加强对段落教学的重视度。段落教学，不仅可以提高学生对知识词汇的理解，强化阅读能力，同时可以为整篇文章的学习奠定良好的基础。

（一）段的教学的内容

段的教学的内容包括三方面：一是认识自然段，知道从哪儿到哪儿是一段，里面共有几句话；二是理解段里几句话的意思，知道句子与句子在内容上是怎样连起来的；三是知道几句话连起来的主要意思，也就是把握自然段的主要意思。

这三个方面的内容，大多在低年级的阅读教学中已经渗透，其中的第一项，通过低年级的教学应该达到要求。低年级教学一篇课文，要引导学生从分段书写的形式上找到自然段的始末位置，标出每个自然段的序号。让学生从语言现象的具体感受中认识自然段，知道一个自然段一般是由意思上有联系的几句话组成，有时一句话就是一段。到了中年级，应逐步提高学生理解自然段的能力。

（二）指导学生理解自然段的主要方法

有的自然段只有一两句话，内容比较简单，学生只要读懂了句子，也就理解了段的内容；有的自然段包含的句子比较多，学生把每句话读懂了还不一定能理解这一段的主要意思。教学时，就要抓住这样的段，教给学生理解自然段的方法，培养和提高学生理解自然段的能力。段，是一个相对完整的整体。因此，段的教学一般采取"整体—部分—整体"的步骤和方法，即先通读全段，大致了解这段话讲的是什么，然后细读每一句话，弄清每句话主要讲什么、句与句从内容上是怎样联系起来的，最后再读全段，根据句与句之间的联系，把握全段的主要内容。

四、篇的教学

阅读教学中的篇章教学，要训练学生逐步掌握深入理解课文思想内容的方法，形成独立阅读的能力。

（一）篇的教学的内容

篇的教学在学生能够理解词句、读懂自然段的基础上进行，内容主要包括五方面：一是理解课文的主要内容；二是揣摩文章的表达顺序；三是体会课文的思想感情；四是领悟一些表达的方法；五是积累语言材料。

（二）篇的教学要点

1. 指导学生把握课文主要内容

把握课文的主要内容，是读懂课文的重要标志。对有一定阅读能力的人来说，拿来一篇一般的文章，读上一两遍，就可基本把握文章的主要内容。这主要靠的是在长期阅读中逐步形成的语感（也有人把它叫作文感）。对于还不具备初步阅读能力的小学生来说，显然还达不到这样的程度。在这种情况下，可以引导他们在阅读实践中逐步悟出一些把握文章主要内容的方法，如标题扩展法。有些标题高度概括了课文的主要内容，只要就标题提出一些问题，并通过阅读思考回答了这些问题，就可以把握课文的主要内容。

2. 引导学生揣摩文章的表达顺序

文章的表达顺序，是作者思路的外在显现。"作者思有路，遵路识斯真。"由此可知，对文章内容的核心把控，需要对作者在文章创作时所持有的态度加以了解，以及对作者创作核心目的做到全面掌握，为此，在文章学习中，应该对作者的创作思路进行感受是阅读与写作下必不可少的环节。小学课本中所选入的文章是以叙事性的故事为主，部分会有写景状物的故事存在。叙事故事在书写中是以事情发展作为创作顺序，但会有极个别的文章在创作中，采取时间回溯或时间穿插等形式，即叙事创作中的倒叙方法或插叙手段。景色描写文章一般是以游览顺序或观赏时间所描写，但同时会有个别文章在创作中以景物所具有的特点加以突出进行层次递进的描写。在说明文的创作中，一般对说明对象加以明确之后，从各个角度对对象进行解释。总而言之，所有文章根据类型不同，则其在表达中所根据的顺序各有不同，即使是相同类型的文章，因为内容不同性，写作目的也不同，为此，在内容表达中所根据的顺序方式，同样会有较大的差别。在文章学习中，指导学生对文章表达进行模仿，依次体会，顺序设计，注重学生自我学习感受，教师可以改变直接向学生传递写作顺序的方式，以引导性思考启发为任务，帮助学生自我思考。当其思考完毕，学生之间对思考内容进行交流之后，对学生所表达出的学习成果给予肯定。

3. 引导学生对感情进行体会

学生在课文阅读中引导其对感情的体会与思想的感知，最为关键的是在阅读时应该提高学生对课文的全身心感受，能够全部投入课文之中，以作者作为自我角度对课文进行想象，宛如置身其中。在课文阅读下指导学生对感情的体会，同时应该对学生的思维进行适当的激发，能够与自我生活相联系，提高思想的感知程度，确保学生在课文阅读下，能够通过情感的表达与自我思想产生同理心。在课文的阅读下，赋予更多的感情是对课文中蕴含思想与价值理念体会的重要渠道，有感情地阅读课文，不仅可以将情感充分表达，同时可以提高情感的感知程度，为此，在阅读中应该引导学生以感情充沛的方式进行课文诵读。

4. 指导学生学会表达

在该部分所讲述的表达方法与通常所讲的表达有所不同，一般所教授的表达是指对内容进行叙述、对情感进行抒发、对事物进行描写，以及对观点进行讨论等。该部分所说的表达方式，在基础表达之上进行适当的外扩，在实际表达中所涵盖方面较多。

对小学生而言，在阅读中所学习的表达不应该做出过多要求，通常而言，能够对文章中所含的表达方式做到更好的理解，可以达到一定的教学要求，注重对词汇的使用与句子的塑造，例如对词语的使用以及句式的选择，需要确保词汇的准确性以及语句的突出亮点，则获取更大的阅读收获。同时需要注意在表达方式的学习中，并非以教师对教学特点或写作特色进行讲解，应该注意其中的学习，教师是以指导为主，核心是学生通过自我完成学习，对学生在整体学习下不应该做出明确规定，应该以实际学习状态为主。

表达中方法的学习，最为核心的渠道是对内容进行多多阅读，学生在文章阅读中只有充分体会，能够产生自我思考，以及对文章的描写方法，产生一定的领会，最终对文章的优点，做到明确地了解，有助于对文章表达的更好学习。

五、朗读方法的指导方式

（一）正确阅读是关键的指导要求

学生在朗读中应该以正确的方式进行，所谓的正确方式是指不仅能够灵活使用，更需要做到充分学会，学生在教师的严格要求之下，通过教师所给出的具体指导，能够在学习中根据教师所制定的要求进行针对性朗读，在完成朗读之后，根据教师要求对内容进行检查。当前在学生朗读学习下，常会有丢字等朗读问题的存在，教师应针对具体情况做出具体的分析与指导，有针对性地帮助学生提高朗读效果。

（二）在阅读中全面融入朗读训练教学

阅读教学是朗读学习的最佳时机，为此，在教学过程中应该为学生提供更多学习机会。将朗读与课文理解充分融合，能够通过不断地训练加强对文章的感受，在此基础之上加深情感感知。阅读中对朗读应该采取针对性的指导方式，选择要多样化，主要分为三方面。第一，示范朗读。就是教师做出示范或是选择磁带光盘等借助多媒体设备向学生展示规范的朗读方法之后，在学生共同学习朗读中选择朗读效果较好的学生进行示范。小学生具有较强的模仿性，示范朗读的教学方式更有助于学生，对范例进行学习；同时，范读可以将全文整体朗读完毕，或是根据教师所制定的教学目标以及教学大纲的要求，进行逐字逐句的示范朗读。第二，领读。该方式主要是引导学生进行朗读，学生在朗读中整体水平参差不齐，教师应该逐字逐句引领朗读。在朗读较长句子或句式较为复杂时，应该对句子首先进行划分之后进行带领朗读，最后再次完整读完句子。领读的作用是提高学生对内容朗读的正确性，促进学生在朗读下表达更加顺畅流利。第三，齐读。该教学方式是所有同学一起朗读，或是将学生进行组块划分，一起朗读。齐读的方式能够为更多同学提供朗读的机会，同时有助于对学生在字音发音时的正确性进行有效训练，帮助学生掌握正确划分句子的停顿方式。但齐读对学生而言，没有办法在读的过程中进行思考，同时可能会有唱读情况的出现，为此应该适当选择。

六、默读方式的指导

所谓的默读，就字面而言就是在阅读中不发出声音，是阅读的基本方式之一。在默读教学下，不应该被课文内容所限制或是被作者情感所影响，并不需要根据情感所要求的表达方式进行严格的阅读限制，可以在阅读的过程中提高思考的专注度，有助于领会内容要点，同时需要不断反复阅读，或是根据学习目的进行有选择性的阅读。小学阅读注重对能力的培养与习惯的养成，则主要是指对默读的阅读能力养成，确保学生在文章的学习下，能够具有默读的良好习惯。

（一）默读的要求

小学阶段要使学生达到能够比较熟练地默读，具体要求包括以下四方面：一是读的时候，做到不出声、不动唇、不指读；认真阅读，精力集中，边读边勾画批注。二是能按阅读目的要求读课文，理解主要内容，体会思想感情。三是能运用通读、摘读、跳读、浏览等各种不同的阅读方法，适应不同的需要。四是要有一定的速度，到高年级每分钟默读应不少于 300 字。

(二) 默读指导的方法

1. 在学生具有一定朗读能力的基础上指导其逐步掌握默读的技能

小学阶段，默读和朗读的关系十分密切。小学生默读能力和习惯的形成，一般经历两个阶段：一是小声读阶段，二是无声读阶段。小声读阶段，嘴唇不断微动，口中发出轻而急促的声音。这时，学生还不能通过视觉从书面语言中理解所表达的内容，一般需要读出字音，才能领会。朗读的模式仍在默读中起作用。小声读阶段，是由朗读向默读过渡的阶段。无声读阶段，才是真正的默读阶段。根据这样的发展过程，教学时，首先要加强朗读训练。在学生具有初步的朗读技能的基础上，不失时机地开始默读的训练，让学生较快地度过小声读阶段。一般从二年级开始指导学生默读课文。可以在一年级上学期重点进行朗读训练，下学期有意识地将大声朗读和小声朗读结合起来训练，一进入二年级就开始进行默读训练。

2. 指导学生一边读一边想，逐步训练默读的"三到"

小学生默读课文，往往容易出现这样一些现象：一是漫不经心，匆匆读一遍就算了，不动脑筋去思考；二是只求字面的了解，满足于大体懂得句子的意思；三是只求了解课文的主要内容，不去体会课文的思想感情。也就是说，学生不能通过默读深入地理解课文。所以在默读训练中，教师要十分重视指导学生在默读课文时集中精力，边读边想，做到默读的"三到"：眼到、心到、手到。眼到，就是看清每一个字；心到，就是集中注意力，一边读一边想，对文章中的词句能边读边分析综合，理解词句的意思和内在联系，并能提出自己不懂的问题。为了训练学生"心到"，在读前，教师可提出要求，让学生带着问题去读，读后及时检查学生的理解程度，或让学生回答默读前提出的问题；手到，就是训练学生边读边动笔。中年级学生可以边读边画出重点词句，或标出自己不懂的问题等。到了高年级，可以做些简单的批注。学生边读边动笔，能促进思考，提高默读效果。

3. 逐步提高学生的默读速度

默读能力包括两个方面：一是能够准确理解课文的思想内容，二是有一定的速度。在我们的生活、学习、工作中，需要阅读的书报杂志非常多，默读的速度快，就能在较短的时间内阅读较多的材料，获得较多的知识，这是很有好处的。在小学高年级，要重视提高默读速度的训练。

默读有一定的速度，首先要眼睛看得快，要学会"扫读"，扩大视觉的范围，也就是由原来的一字一词地看书，变为一眼就扫过一句、一行甚至几行。其次要由眼入脑想得快，脑子要跟着眼睛扫读思考，弄清楚眼睛扫过的文字说的是什么。为了提高学生的默读速度，可以提出要求，让学生在限定的时间内默读课文，然后检查默读的效果。不断地这样训练，就能使学生逐步做到眼睛看得快和脑子想得快。

第四节　各种类型课文的教学

一、精读课文的教学

精读课文，类似于长期以来一直沿用的"讲读课文"。把"讲读"改为"精读"，反映了教学思想的变化。"精读"显然是从学的角度着眼的，而"讲读"，则是从教的角度着眼的。一说是讲读课文，首先想到的是老师的讲，虽然不一定是以讲为主，但至少应该是既讲又读，讲、读平分秋色。而"精读"则不然，一说是精读课文，首先应该想到的是学生的读，虽然它并不排斥教师的讲，但至少应该是以读为主。可见，"讲读"和"精读"，一字之改，必将引发教学思想、教学方法的一系列变化。

（一）精读课文的教学要求与教学特点

精读课文是供学生精细研读的课文。它要求在教师的指导下，通过学生自己的精细研读，理解课文的主要内容，体会作者的思想感情，理解表达内容和感情的语言形式，积累语言材料，从而培养学生的独立阅读能力，养成良好的阅读习惯。从上述要求中，我们可以看出精读课文教学的几个显著特点。

1. 强调教师的指导

整个精读课文教学的过程，应该是一个在教师的组织、引导、指点下的学生自主学习的过程。教师的指导包括多方面的工作，大体说来，主要有以下四个方面：第一，激发学生的读书兴趣，调动学生自主学习的主动性、积极性；第二，设计、组织、调控整个教学过程；第三，提示阅读要求，指点读书方法；第四，通过示范、点拨和精要的讲解，解决学生读书中的疑难。

2. 强调学生自主的精细研读

这就是说，精读课文，不是读上一两遍大体知道讲的是什么就行了，而是要精心地读，细细地品味。要做到这一点，就必须引导学生充分地读，在读中整体感知，在读中有所感悟，在读中培养语感，在读中受到情感的熏陶。

3. 强调全面进行阅读能力的培养

包括理解课文内容，体会作者的思想感情，领悟表达方法，积累语言材料和练习朗读、默读、复述、背诵等。当然，这并不意味着每一篇课文的教学都要做这些工作，但有一些是必做的，如理解内容，体会感情，语言的学习和积累，朗读、默读等。

（二）精读课文教学的一般方法

一篇课文的教学过程，主要指的是精读课文的教学，这里不再赘述。根据精读课文的教学特点，教学时要特别注意的是：突出重点，导读结合，渗透读书方法。

1. 突出重点

一篇课文包含的教学内容十分丰富，体现了词、句、段、篇、听、说、读、写的综合训练，但这并不是要不分轻重缓急、平均用力，而应该是有侧重点地综合训练。

突出重点，进行综合训练，一要突出年段特点，体现训练的阶段性。在低年级着重进行词、句和朗读的训练，注意进行默读、复述训练。二要处理好重点和非重点的关系。每个年段应当有重点，每一课的教学也应当有重点。但应当注意，重点和非重点是相互转化的，这一课的重点，到下一课可能就转化为非重点。所以，在突出重点时，应充分考虑学生已经获得的知识和技能，充分利用已经获得的知识、技能去学习新的重点。三要做到重点与一般相结合。像词语和句子的教学、朗读和默读、复述和背诵的指导等，不管是中年级还是高年级，都要给以足够的重视。

2. 导读结合

过去一般的提法是"讲读结合"或"讲练结合"，为什么要改成"导读结合"呢？这里涉及一个具有根本性质的问题：教师在语文教学中的主要任务到底是"讲"还是"导"。对这个问题，叶圣陶先生有过多次十分精辟的论述，"我认为教师教语文，无非是引导学生练习看书作文的本领""教师当然须教，而尤宜致力于导""教课之本旨并非教师讲一篇课文与学生听，而是教师引导学生理解此课文，从而使学生能自观其他类似之文章""所谓教师之主导作用，盖在善于引导启迪，俾学生自奋其力，自致其知，非谓教师滔滔讲说，学生默默聆受"。这些论述贯穿着一个精神，这就是：语文教师在教学中的主要任务不是"讲"，而是"导"。

3. 渗透读书方法

指导学生掌握基本的语文学习方法，并鼓励他们采用适合自己的方法学习，逐步提高自学能力，是教师在阅读教学中的一项重要任务，因为只有学生学会学习，才可能有真正意义上的"自主学习"。

二、略读方法教学指导

（一）略读在教学中所设定的要求与具有的特点

与精读课文相比较而言，略读课文，在学习上是课外阅读之外的类型教学。在该部分教学中，所设定的要求需要学生在精读的基础上，获取一定的学习经验后，根据自己对课文的内容掌握，以此促进阅读能力的提升。在课文略读中通常不会格外要求对字词的学习任务。对于一些生字，可以通过拼音或是自己查字典，确保发音正确就可以。

相比精读课文所采取的教学方式，略读课文在教学中所呈现出的特点为以下方面。第一，教师在教学中的指导可以大概进行，与精读课文相比不必过于细节化，通常而言教师所给出的指导主要是针对学生在自己阅读之前，首先提高学生的阅读兴趣，之后根据阅读要求设定目标，学生在阅读过程中教师从旁辅导，对疑难问题进行解释，即在学生完成阅读之后，组织小组进行阅读内容的讨论，适当给予一定的阅读指点，最后对阅读所获取的知识内容进行总结。第二，学生在阅读中应该更加认真，但是与精读的课文学习方式相比，不必过于细节化，通常而言只要确保在课文阅读中能够对大致意思做到基本掌握，就可以同时对课文做到有感情地阅读，确保阅读的顺畅。

（二）课文略读教学的方法应用

新课标中针对略读课文给出了明确的要求，以及总结了相关教学特点。在课文进行略读时所做出的教学方法，通常可以通过以下方面实现：首先对阅读的要求做出明确的设定之后，根据学生自己阅读所产生的思考进行自我感悟之后，学生之间对阅读的情况进行交流，对阅读的结果进行检查，教师最后给予适当的帮助，总结略读经验。

第一，明确略读要求完成自读自悟。学生对略读的目标明确之后，则在阅读中的思维会更加活跃，产生了阅读的兴趣，会更加主动积极地完成任务。略读时所设定的要求主要作用是促进学生能够通过精读的方法学会一种新的阅读方式，能够主动投入阅读中，对课文进行再次感受，有助于对阅读能力的提高。为此教师在要求的设定下，应该以实际教学情况做出明确指导，给出具体目标，同时应该注意适度把控学生的阅读进度。通常在课文阅读中所给出的提示应该成为教学依据。第二，结果交流、检查效果，适当给予一定的指导。学生自己进行阅读之后，对自己产生的思考进行感悟，会在阅读中对一些问题进行及时解决，以此获取更多全新的阅读知识，产生全新的阅读体会，通过所掌握的知识与学习的方法获得了能力的提高。为此，在教师对阅读结果组织检查时，应该首先让同学之间进行交流之后对效果进行检查，根据所得到的情况适当给予一定的阅读指导。在检查中学生的交流情况应该作为主要依据。首先，学生对课文阅读是否能够保证正确率，以及阅读是否流畅。其次，学生通过阅读对课文大致意思是否有了基本的了解。第三，对课文中的重点进行适当的选取，或是对课文中学生普遍产生兴趣的阅读问题进行及时讨论，教师参与其中可以根据整体情况给予一定的指导。

（三）略读课文中应注意的教学问题

首先，应该提高对略读教学的重视度。其次，应该避免将略读课文与精读课文相混淆。

对略读课文应该提高教学的重视度，在阅读能力的培养中，是以精读教学作为核心支撑，略读课文则会被教师所忽略，这种情况的存在，会引导教师错误教学阅读方法。教师在注重略读课文的过程中不仅应该注重其教学方式，同样应该加大其教学价值的关注，帮助学生明白在教材阅读下略读课文，同样是重要的构成，更是语文学习的重要部分，是促进阅读能力提升的有效推动力。所谓的阅读"略"，对于教师而言，应该是在精读课文所给出的指导之上，进行适当的简略，最为重要的是将学生的阅读主动性充分发挥。对学生而言则是对课文大致含义的基本掌握，能够完成顺畅的阅读就可以。避免被精读中的细节化、深入化研究内容所禁锢。但需要注意的是，在过程中不能将略读认为是粗略阅读或是忽略性阅读。

略读课文是以课文的精读为基础进行教学，二者之间在教学中是以教材的要求以及教材所呈现出的特点、教学所使用的方法为主要依据，多方面呈现了较大的差别，但就字面意思而言，二者之间十分容易理解，在实际教学中难以确保对二者的清楚划分，主要是因为：第一，没有对学生做到正确预估，对学生的学习情况掌握不精准，导致对学生没有信心，在课堂教学中则过于担心学生学习情况，将略读课文变成了精读课文进行教学。第二，被我国应试教育下的考试等多种因素所影响，注重对成绩的突出，而不是对学生学习能力的培养，导致在阅读教学上可能会担心，因为略读会导致一些重点遗漏，则在教学上会逐渐转向精读教学。多种情况的存在，总的来说是教学思想存在一定的偏差，为此，教师应首先明确教学目标，摆正自我地位，端正思想，了解教学价值，以此确保在略读教学下，能够根据实际特点，按根本要求实施教学活动。

三、看图学文的教学

（一）看图学文的教学要求与教学特点

看图学文是精读课文的一种特殊形式。作为精读课文，它要求培养学生的阅读能力；作为一种特殊形式，它还要求培养学生的观察能力和形象思维能力。因此，看图学文的教学要求是：培养学生的观察能力、形象思维能力和阅读能力。

看图学文教材由形象生动的图画和说明图意的短文组成。可见，有图有文、图文结合，就成了看图学文教材的一个最显著的特点。看图学文的图，把文章里抽象的语言文字变成生动可感的画面，从而促进学生对文章的感受和理解。因此，在图文结合的基础上，以学文为主，应是看图学文的又一个特点。

（二）看图学文教学的一般方法

看图学文的教学，通常所采取的方法是：从图到文，图文结合，以文为主。

1. 初步看图

先让学生按照一定的要求独立地认真观察图画，然后启发学生说说图意。第一步，说出图上都画了些什么；第二步，看懂图中事物间的关系，说出事物之间的联系或发展变化。

（1）看图学文

图有多幅的，有单幅的。多幅图大都是生动有趣的童话故事，是按照事情的发展顺序画的。通过观察，要了解事物活动或发展变化的过程。观察时，先把几幅图连起来看一看，大致了解图上画了些什么，表现的是什么事；再一幅幅地仔细观察，从各幅图的互相比较中看出事情的发展变化。单幅图的图意比较集中，看图时，要引导学生按照一定的顺序来观察，并且注意事物之间的联系，分清主次。

（2）初读课文

除了读准字音、读通句子之外，学生还要一边读抽象的文字，一边重现图中的具体形象，把看图得到的初步印象和课文中的文字描述联系起来。多幅图的看图学文，要求学生从课文中找到与各幅图相对应的部分，让他们一边看图，一边一段段地读课文。还可以由老师范读，或者让一名学生朗读课文，全体学生一边听一边看图，从而了解课文是怎么叙述图意的。单幅图的看图学文，则要求学生通过阅读，看出课文中哪里写的是图画上的内容、哪里写的是图上没有的，然后让学生一边默读，一边浮现图画，并想象课文描写了而图上没有的画面。初读课文，主要是从整体上感知课文，再现并补充图画的内容，为进一步理解课文打下基础。

2. 图文对照，加深对课文的理解

看图学文的图画和课文，是采用不同的表达形式，反映同一种事物、同一种思想感情。在教学中运用图文对照的方法，观察图画可以促进对课文的理解，理解课文可以促进对图画的观察，同时，在图文对照中还会促进学生思维能力的提高。图文对照一般采用以下做法：

（1）图文对照，理解重点词句

例如《放风筝》中的"风筝花花绿绿，各式各样"，是课文中的重点语句。教学的时候，不但要启发学生注意文中描写风筝形状的内容，同时，还要让他们细致地观察图中的各种风筝，这样图文对照，有助于准确理解词句的意思。

（2）图文对照，了解叙述顺序

认识事物的发展变化，了解课文的叙述顺序。例如《小蝌蚪找妈妈》的第二、三、四段着重写了小蝌蚪跟鲤鱼、乌龟、青蛙的对话，并描写了小蝌蚪的生长变化。通过图文对照，不但能够进一步培养学生的观察、理解能力，而且可以使他们具体地了解课文是按照蝌蚪生长变化的顺序一步步地叙述的。

（3）图文对照，展开想象，加深理解

例如《师生情》，全文四个自然段，最后一段和图画的内容相吻合，其他几段都是作者想象的事情的前因后果。在图文对照的教学过程中，一方面要引导学生细致观察图上的雨伞、鸡蛋，三个女孩子的外貌、姿态，帮助体会"同学们都非常尊敬爱戴"王老师的深厚感情；另一方面要引导学生通过阅读，想象课文中写到而画面上没有的内容，将静止的画面变成动态的形象，浮现出事情的过程，从而加深对课文内容和表达的思想感情的理解。

综上所述，在图文对照的过程中，发挥图文互补的优势，既能培养观察能力，又能提高理解能力。必须指出，看图学文中的看图，不同于美术作品欣赏。看图学文的图，除了有培养学生观察能力和想象能力的作用外，很重要的一个作用是帮助学生理解课文。

第五节　不同体裁课文的教学

一、叙事性作品的教学

叙事性作品是以叙述和描写人物和事件为主的一种文体。在小学语文课本里，叙事性作品包括的范围很广，写人叙事的文章基本上都可以归到这一类里。此外，一些写景、状物的散文，也属于叙事性作品。根据叙事性作品的特点和小学语文教学的目的要求，在教学中应注意以下几点：

（一）通过语言文字，理解思想内容

任何一篇文章都是要表达一定思想内容的。叙事性作品的思想内容蕴含在语言文字之中。因此，教学叙事性作品要注意引导学生通过语言文字理解文章的思想内容。叙事性作品的教学，要抓住对表现主要内容和思想感情有突出作用的词句和段落，如表现人物行动和心理活动的深刻生动的词句、人物的个性化语言、作者的精辟议论和抒情性的语句等，引导学生理解其深刻的含义，并认识它们对表达思想内容所起的作用。

（二）厘清作者的思路

一篇叙事性作品，不仅负载了丰富的思想内容，而且反映了作者表达思想内容的思路。为了使学生了解文章思路，提高阅读能力，就要在叙事性作品教学中引导学生沿着作者的思路去理解课文内容，从而训练其逻辑思维能力。作者的思路一般有纵向思路和横向思路。厘清作者的思路，可以从理解课文的层次结构入手，因为文章的层次结构是作者思路的表现形式。厘清了层次结构，弄清了文章先说什么，再说什么，最后说什么，再进一步分析作者在每一部分要说明什么，是怎样一步一步地通过文章的记叙表现主要内容的，这样学生就掌握了作者的思路和安排材料的方法。

（三）学习叙事性作品的语言

叙事性作品的语言，涉及叙述、描写、说明、议论和抒情五种基本的表达方式。这些表达方式是社会交际和书面写作经常运用的。因此，叙事性作品的教学要注意引导学生学习语言。小学生学习语言有一个循序渐进的过程。低年级应把识字和词句的教学放在重要的位置。对于课文中一些生动形象的语句要多通过指导朗读帮助学生理解、掌握。另外，要注意引导学生在回答问题、复述等活动中，运用这些词句，从而丰富语言的积累。

二、说明性文章的教学

说明性文章是说明事物的文章，是以"说明"为主要表达方式的。在小学语文课本中，说明性文章占了相当的比重。这些文章，大都属于科学知识说明文，主要是介绍自然、地理、历史、生物等知识，所以又称为常识性课文。在说明类型的文章教学中，应该以直观方法提高教学影响，保证学生在学习中能够对相关内容做到更好地了解，促进学生思维的灵活应用，拓展思维的同时提高观察力，因此，在语文教学中，应对以下方面多加注意：

（一）借助语言强化说明条理性，促进表达能力提升

说明类型的文章语言使用不仅十分简洁明了，而且简单易懂。在教学中，应该通过对特点的了解，帮助学生认知词汇使用精准程度，提高对事物的精准反映。说明类型的文章在构成中借助语言表达出逻辑思维，在句子之间的构成可以形成密切的联系，教学中需要帮助学生对语言与句子之间的联系进行深入感受，提高学生逻辑梳理能力。

（二）梳理文章层次，了解表达文章构成

说明类型文章中内容构成具有清晰的层次感，在结构方面能够找寻出特定的方式，通常而言，在文章中需要对事物整体构成做出清晰的表达，之后根据构成顺序进行写作；对所具有的功效与作用，应该由主要向次要进行表达；事物发展的表达则应该根据时间顺序进行说明；事物复杂程度较高，在说明中应该采取整

体划分的方式，或是根据方位进行编写。文章最开始的部分应该是对需要说明的对象进行整体表述，之后对细节内容进行说明，最终在结尾部分需要再次进行综合表述。

三、诗歌的教学

诗歌分为诗词与歌词两部分。在小学语文教学中，对课本的编写不仅会涵盖一定的古诗内容，同时会引入一些现代诗与儿歌等题材内容。诗歌所体现出的是社会生活。从表达方法看，它有高度的含蓄性。诗歌的特点在于它有强烈的抒情色彩和丰富的想象。诗人凭借想象，对事物做出种种联想、比喻、象征和大胆而又合理的夸张，抒发出强烈的思想感情。诗歌的特点还在于语言凝练、节奏鲜明、韵律和谐。根据诗歌的特点和学生的认识水平，教学诗歌应该做到：理解和学习语言，启发想象，加强诵读。

（一）学习诗歌的语言

诗歌的语言不仅具有鲜明的形象性，而且极其凝练和准确，这对发展学生的语言很有帮助。教学诗歌，要抓住含义深刻、感情色彩强烈的词句，引导学生理解体会，领悟蕴含在语言文字中的道理和作者的思想感情。古诗的教学要从学生的实际出发。低年级，重点应放在朗读、背诵和识字、写字上，只要借助图画和文字使学生大体知道讲的是什么即可，一般不要讲解诗句。

（二）展开合理的想象

诗人凭借丰富的想象，运用比喻、拟人、夸张等手法，创造出生动的艺术形象，表达出强烈的思想感情。在教学中要引导学生想象，使诗情画意在学生头脑中形成画面。这样，才能使学生领略到诗的意境，受到熏陶感染，并促进想象力的发展。用比喻和拟人的方法写成的诗句，需要引导学生想象比拟的事物和被比拟的事物在形象上的联系，教学时就要启发学生联系生活实际，借以培养学生的想象能力。

（三）加强朗读

诗是有声的画。有感情地朗读有助于学生理解诗中的图景和情感，帮助学生体会诗的音乐美，增强诗的教育效果。同时朗读也是学习诗歌语言的主要手段之一，相比默读，朗读让学生更容易进入意境，领略诗歌语言的特点。

四、寓言的教学

寓言、童话都是叙事性作品。考虑到它们除了具有叙事性作品的一般特点外，还有一些自己的特点，所以单列出来讲一讲。寓言情节简单，有生动的形象，适合儿童阅读。寓言把对人们的教育和批评寓于短小的故事之中，这种方式容易被儿童接受。另外，寓言讲的多是动物、植物和其他事物的故事，运用拟人的手法，非常符合儿童的心理，并且语言生动，对发展学生的语言很有帮助。根据寓言的上述特点，在教学中应注意以下两个问题：

（一）语言引导学生对学生进行更好的感受

寓言是以故事为基础，体现出其中的寓意，在这两方面故事是对学生进行描绘，寓意则是对故事本身所蕴含的内容进行抽象的表述。学生在寓言故事的阅读中，能够对故事中所阐述形象具体感受并全面了解，能够对其所蕴含的寓意真实了解。小学阶段学生自身抽象能力处于重要的发展时期，在逻辑方面一般是以自我感觉为主，从而产生联系，需要具体化形象以此提高思维的拓展。为此，在寓言教学中，应该帮助学生加强对故事的理解，以此对寓言内容进行感受，了解故事所描述的形象，是对寓言在解释与呈现前提之下帮助学生对思维进行更好的发展。寓言故事中所描述的艺术形象，在与寓意相结合的同时，能够帮助学生加强对形象的体验，为此在寓言教学中应该根据多个特点展开。

1. 形象寓言的感受

寓言故事中所描绘的形象与其他体裁文章类似，都是通过具象化语言对学生进行真实描述，为此教师应该引导学生通过对语言进行深入理解，以语言内容构建清晰的故事形象。例如，在《亡羊补牢》的寓言故事中，文章中一些词语的使用能够更为清晰地描述出丢羊人的心理状态。从而将养羊人在发现丢羊之后，自我心理动态做到清晰描述，构建知错要改的故事形象。

2. 借助朗读突出形象的鲜明特点

寓言故事中所使用的语言在整体构成中与诗歌语言具有一定的类似性，十分精简，同时能够呈现出较为深刻的含义，大多是以讽刺意味为主。为此，在寓言的朗读中，应该以讲故事的方式，轻松的语调，带有幽默的话语，将讽刺意味轻松表达。在寓言故事进行朗读的教学环节中，教师可以将故事中角色进行分配之后，能够提高学生对寓言故事的深刻体会，学生在开始朗读之前，教师应该引导学生对故事中所含人物的语言进行特点了解，以此在朗读中能够更有感情地将形象加以突出。

3. 以图画丰富想象，提高表达能力

小学阶段课本中所选取的寓言故事，大多数会有图画配备，图画大多是以故事中的主要内容进行呈现，在一定程度上能够提高学生对故事的学习兴趣，在教学过程中应该提高内容与图文的结合，引导学生在学习内容时对图片进行认真观察，由此可以对学生的表现力加以丰富，提高学生的形象感知，激发学生的思维想象，帮助学生对寓言故事中所蕴含的意识、情感做到充分把握。

（二）强化逻辑，展示寓意

在寓言故事的教学中，学生对所蕴含的形象加以感受，对内容进行了解，对于实际教学而言整体程度较弱，应该以此为基础，对寓言故事所蕴含的寓意，做到完全呈现在寓意的揭示下，应该经过分析过程，形成内容综合。该教学环节的难度较大，为此在寓意的揭示下，应该以具体形象转化为抽象的想象，由感性情感的引导，转化为理性的分析。

1. 寻找核心语句，激发思考

寓言故事不仅需要对艺术形象进行描绘，使用一定的语言文字，同时还具有理性语言，以此将寓言故事中的寓意进行概括呈现，将作者的思想进行深刻表达。在寓言故事的朗读中，教师应该适当引导学生对重点语句进行突出表达，以此体现出寓言故事中重要语句的鲜明作用。这些句子在寓言故事构成下，是主体意思的核心体现，学生通过对语句含义的理解，则能够更加深入地对寓意进行感受。

2. 结合内容评价故事

朗读故事之后，对内容进行掌握，应该引导学生对故事中的事件进行分析或

是讨论角色行为，并发表自我看法，做出行为评价。通过评价的引导，能够提高学生对行为的了解以及对意义的感受。在此基础之上，学生对寓言故事中所构建的艺术形象更加深刻，则能够为了解意义，做好充足准备。

3. 联系实际，融入生活，深化认知

寓言故事中所构建的形象以往是用比喻方式出现在寓言故事中，是通过对象的虚拟构建，对现实生活所存在的一些现象进行批评。寓言的呈现应该精准使用方法，可以在现实生活中寻找一些相类似的情况，结合寓言故事中的事件内容，或是角色行为对其进行评价，以此引导学生，可以举一反三获得一定的道理。或是得出结论进行表述之后，教师应该与学生生活结合，在寓言事件呈现下，进行寓意学习的适当引导，鼓励学生可以通过对角色行为，故事内容进行分析综合生活。在一些寓言故事中，因为寓意蕴含并不明显，学生在领会与感受中具有一定的难度，教师应该及时提供帮助。较低学段的学生在寓言故事学习中，所设定的教学要求是对形象的基本感受、对寓言内容的适当理解，随着学习知识的不断深入、逻辑思维的逐渐拓展，对寓意的深层理解，也会随着自己的语言水平逐渐加深。

五、童话的教学

童话是以现实生活为基础，通过对故事进行幻想，以拟人的写作手法，创造出有趣且千奇百怪的故事。童话故事中的情节十分完整，具有丰富的想象力，一般通过反复叙述等写作方法所呈现。在童话故事构成中，内容不仅能够满足儿童所处年龄段的心理，同时形式能够符合儿童心理需求，对低年级的学生具有较大的吸引力，在语言发展方面具有较大的促进作用，能够助力智力开发，激发提高学生对阅读的兴趣，同时适当引导思想教育。无论是对教师或学生而言，童话教学的作用十分独特，其体裁所具有的特点十分鲜明，能够十分契合儿童心理。在童话教学中应该通过以下方面提高教学价值。

（一）恰当处理幻想与现实的关系构建虚幻与真实场景

童话故事的创造是以幻想所得到，整体内容具有一定的虚构性，但其中内容则是对现实生活进行真实反映。在童话教学下，应该对幻想与现实之间的关系做

到良好处理，恰当平衡虚构与真实，引导学生在童话阅读中与现实生活相联系，通过不断地启发提高教育影响。为了帮助学生对童话中所蕴含的思想进行更好的体会，提高教育影响力度，教师应该引导学生在童话内容的学习中，能够拓展思维与现实生活相联系。

（二）童话故事中语言学习的引导

童话故事中所应用的语言十分生动形象，且容易理解，对于幼龄学生在语言学习中具有较好的发展促进作用，能够积极影响语言的学习效果。这是因为在童话故事的语言组成下，一般是以口语为主，教师在阅读中应该指导学生加强对语言的感受与灵活模仿。朗读作为语言学习的有效渠道，能够提高学生对语言的学习与模仿。在童话故事的朗读中，应该以口语为主，速度适当缓慢就像是在表达自我一样，同时应该更具有亲切感，将童话故事中所包含的情感真实呈现。针对部分童话故事中所蕴含的角色都可以开展角色朗读的阅读活动，使得学生更加有兴趣地沉浸在语言学习中，提高教育的潜移默化影响，促进朗读能力的提升。部分童话故事的编写本身就是以儿童特点为根据，有目的地将情节进行重复化，出现或是语言反复表达，以此教师可以通过对复述性的内容加以训练，提高学生自我表达能力。

（三）注重学生的想象力养成

童话故事能够如此吸引低龄儿童，其根本原因是具有较大的幻想性，这也是童话所具有的鲜明特点，在对学生想象力的培养中，童话故事具有较大的便利性。童话教学应该重点突出幻想内容，通过反复阅读了解内容之后，语言的使用有助于对学生的想象力加以丰富，此外可以对一些想象内容中的句式或段落进行突出，引导学生通过语言文字的反复阅读，在脑海中构建具体化的形象。此外就是可以结合内容情节进行适当的思维拓展训练，提出相关情节问题，让学生展开想象，在加强学生对内容理解的同时，提高学生对故事思想的了解。

第五章　小学语文阅读能力培养整体框架

第一节　小学语文阅读能力的发展阶段

一、阅读能力国内外研究综述

"阅"在古代汉语中，本义做动词，为计数、计算之意，其引申义为阅读、检阅、经历。"读"在古代汉语中做动词，为读书、念书之意。"阅读"一词在现代汉语中含义为看文本并领会其意义。

阅读是一种从文字符号中获得信息的行为能力和过程。阅读能力，即阅读主体从文字符号中获得信息，并生成意识的个人素养。

（一）国外阅读能力研究情况

针对阅读能力培养的相关问题，多数发达国家都有相当成熟的理论。有关阅读能力培养内容、阅读能力培养评价的观点已经渐趋统一。近年大量文献集中于阅读能力的培养途径方面，多为结合心理学、生理学的研究报道，同时研究更为深入。以下从阅读能力的培养目标、阅读能力的培养评价两个方面对文献进行分析。

1. 国外阅读能力的培养目标研究情况

综观近几年一些国家小学阶段的阅读能力培养目标，可以看出具备良好的朗读能力、阅读理解能力、创造性思维能力是各国小学阶段阅读能力培养的共有目标。朗读能力方面的要求主要为能响亮、流畅、富有感情地朗读。阅读理解能力方面主要以能理解文本信息、分析文本内部逻辑等为培养目标。创造性思维能力方面主要以能评价文本、表达和交流观点为培养目标。

2. 阅读能力的培养评价研究情况

从国外关于阅读能力以及阅读能力结构、阅读能力评价的研究成果，可以勾画出阅读能力结构，以及影响因素的比较清晰而完整的轮廓。其中阅读能力的结构包括认读能力、理解能力、推理能力、归纳概括能力。影响阅读过程的因素包括阅读者的知识、经验、智力、情感、元认知等方面。近年来，国外还有学者从语言的角度来研究儿童阅读能力之间的关系，认为儿童阅读能力的发展经历三个发展阶段：字符阶段，此时期儿童将字词作为一个整体的视觉图形来记忆；拼音阶段，此时期儿童掌握和运用字形——音位对应规则来识记字词；字形阶段，此时期的儿童可以不借助或者较少借助语音知识，直接将词语分析为基本的字形单元，从而达到识别的目的。

（二）国内阅读能力研究情况

目前，我国针对阅读能力培养的研究已经相当广泛、深入，许多理论已经非常成熟。根据培养活动的目标、内容、途径和评价四个要素，以下从阅读能力培养目标、阅读能力培养内容、阅读能力培养途径、阅读能力培养评价三个方面进行分析。

1. 国内小学生阅读能力的培养目标研究情况

自 20 世纪 50 年代至今，我国小学生阅读能力的培养目标总体以形成阅读兴趣、具有一定阅读积累、养成阅读习惯、具备一定的文本理解能力、达到一定默读速度、掌握一定的阅读方法为主。从小学生阅读能力的培养目标可以看出，阅读兴趣的产生、阅读习惯的形成、一定的默读速度、具备一定的文本理解能力、掌握阅读方法、形成一定的阅读积累是主要的培养目标。近年有关阅读培养目标的研究文献更强调形成长期的阅读兴趣，能够创造性地解读文本，在重视终身学习和创新性人才培养的今天，这样的培养目标无疑更具有积极意义。

2. 国内小学生阅读能力的培养内容研究情况

中国从 20 世纪 20—40 年代就有学者潜心于阅读能力结构的实验研究。沿着老一辈语文教育家开辟的探索之路，进入改革开放新时期，研究者们从不同的视角对阅读能力结构继续进行多层面的分解与整合研究工作。

以叶圣陶、张志公为代表的"三老"阅读能力研究，认为阅读能力结构之间是互相支持与影响的。现代阅读学的奠基人叶圣陶把阅读能力分解为六项：认知性的查读、扩展性的参读、分析性的解读、意会性的整读、欣赏性的品读、鉴定性的评读。这六个方面既有外在的层次，又有内在的逻辑，自成序列。语文教学专家张志公认为：所谓阅读能力，包括三个方面的因素，即理解、记忆和速度。阅读，首先要读懂，并且能够记得，进而还要读得快。这样才算是有较高的阅读能力。后来，他在《语文学科的现代化问题》中继续指出：快速阅读的能力不是一个孤立的能力，理解、记忆、速度三个方面构成阅读能力的整体。这是他对于阅读能力横向连贯结构，所做出的简明扼要的概括。他的这种认识偏重于学生阅读能力的横向影响因素，因为这样几种因素在各个学段中都将影响学生的阅读水平。

20 世纪 80 年代至 90 年代，阅读能力的培养内容总体上以文本理解、文本认读、文本记忆、文本赏析、默读速度训练等几个方面为主。有研究者也注意到随着学生年龄的增长，阅读能力结构有相应变化。

进入 21 世纪，研究者更加重视阅读能力中创造性思维的培养，在小学生阅读能力的培养内容中强调对文本的发散性思考和创造性解读。对阅读能力中最关键的文本理解能力也有了更深入的探讨。对阅读能力的其他相关影响因素也开始有了重视。

虽然关于阅读能力的培养内容，不同研究者有不同观点。但总体上讲，小学生的阅读能力的培养内容，大致以认读文本、理解文本、记忆文本、默读速度、创造性思考等几方面为主。随着年级升高，培养内容更加丰富，层次也更高。近年的相关研究尤其强调对文本的创造性和发散性思考，相关能力也成为培养内容中的重点。

3. 国内小学生阅读能力的培养途径研究情况

（1）激发学生的阅读兴趣

要提高学生的阅读能力，必须从培养兴趣入手。学生有了阅读兴趣才会将教师的"要我读"转化为"我要读"。兴趣是阅读教学的源头活水。教师要善于引导，平时多创设一些阅读、交流的空间，可在学生、班级中开展一些有益的活动。如：口语竞赛、模仿对话、朗读竞赛、背诵比赛等。或充分利用教室的"图书角"，让学生快乐地接受自己想要学习的语文知识。

①谈自己的读书感受让学生乐于读书。在教学过程中，教师要善于启发学生，教育学生读书、读好书。教师要经常讲述阅读读物后的收获和体会，用"现身说法"激起学生情感上的共鸣，使之产生强烈的阅读欲望。有计划有目的地搜集一些关于读书的名言，进行评说、欣赏；讲述名人读书成才的故事，进行对比、教育，从而激起学生对读书人的崇拜，对书的渴望，形成与书本交朋友的强烈意向。

②利用榜样的力量让学生想去阅读。在教学过程中，教师要经常向学生介绍历史人物、科学家及身边成才之人的成才之道，以榜样的力量激发学生课外阅读的兴趣。因为古往今来，凡对人类有作为的人，无不是博览群书、勤奋学习的结果。

③发挥故事的魅力让学生主动去阅读。在教学过程中，教师要跳动学生的主观能动性，使他们养成阅读的乐趣。故事人人都爱听，一听到老师说要讲故事，个个精神抖擞，双耳立竖，喜悦之情溢于言表，迫不及待地想一听为快。随着教师声情并茂，娓娓渲讲，被激化，被渲染了的故事情节早已把孩子们带入了一个悬念百出的情感世界里。正当孩子们津津垂听、情感交跌，期待大白结局之际，教师嘎然收声无不动容地告之孩子：故事情节交错复杂，后面的可更精彩呢，欲知后事，请自读原文。此时教师不失时机地向学生推荐出相关的读物。

（2）重视对学生进行读书方法的指导

我们要进一步引导他们不仅爱读，而且会读，要读得更好更有收效。作为读书的指导者，我们应该向学生介绍一些行之有效的读书方法。

①选读法。这种方法的运用一般是根据学生在课内学习或写作上的某种需要，有选择地阅读有关书报的有关篇章或有关部分，以便学以致用。

②精读法。所谓精读法，就是对某些重点文章，集中精力，逐字逐句由表及里精思熟读的阅读方法。它是培养学生阅读能力最主要最基本的手段。有的文章语言隽永，引经据典，情节生动。教师可以利用这些作品为依据，指导学生精读，要求学生全身心投入，调动多种感官，做到口到、眼到、心到、手到，边读、边想、边批注，逐渐养成认真读书的好习惯。

③速读法。速读法就是对所读的书报，不发音、不辨读、不转移视线，而是

快速地观其概貌。这就要求学生在快速的浏览中，要集中注意力，作出快速的信息处理和消化。利用速读法，可以做到用最少的时间获取尽量多的信息。

4. 国内阅读能力培养评价研究

进入 21 世纪，大量研究者对阅读能力的评价和检测强调全面性、客观性、科学性。主张多角度、多层次评价，定量与定性相结合，重视过程和态度，强调阅读兴趣的形成。同时呼吁构建更科学全面的评价体系。

对阅读能力的评价问题，不同研究者提出的评价体系都有合理之处，但局限也显而易见。阅读能力的某些部分能够进行量化测试，如文本的认读、记忆、读速等，而根据文本进行的创造性思考、对文本的审美感知等，却是无法量化考查的。近年相关研究者提出构建全面的阅读能力评价体系，定量和定性相结合、多角度、多方式考查，重视过程和阅读积极性、长期性，对构建科学、全面的阅读能力评价体系提供了很好的指导。

二、小学语文阅读能力发展的特点

学校阅读教学可以有多大作为，在很大程度上取决于是否能基于阅读能力的发展规律，进行有目的、有计划的阅读教学。语文学习的整体性、复杂性毋庸置疑，但阅读能力的发展是有基本规律的。在阅读能力的发展过程中，有一些可观察、可测量的"台阶"；在阅读能力的逐级发展中，有一些重要的质性变化。这些可预期的发展变化点，正是我们教学、测试中需要关注的。阅读能力的发展机制就像一个"黑匣子"，如果我们能对它有所洞察，并在教学、测试语境中对学生阅读能力的发展有较为明确的期待，那么，我们的教学和测试会更有针对性。

近年来，对阅读能力构成的研究不断深入，逐渐呈现出立体化的发展状态。阅读能力发展中更隐性的变化，是那些关键能力要素的持续发展和变化。具体体现为：识别的对象从显性到隐性，从简单到复杂；识别的信息从零散到有规模，从识别单文本内的信息到跨文本识别相关信息；从识别和定位信息本身，到连带识别特定信息的支撑性信息；从根据任务识别文本内容方面的信息，到基于一定的理论识别文本形式方面的关键信息；从根据外在任务识别信息，到为了特定的目的自觉地定位相关信息。

三、小学语文阅读能力的结构与发展阶段

我国中小学生阅读能力的培养，主要途径是以具体文本为抓手的阅读教学。这一途径本身自然并无不妥，学生的阅读能力的确是在文本阅读的实践过程中逐步发展起来的。然而，对于这一过程，我们似乎将关注点更多地放在如何获得适宜的文本解读结果上，而并未重视学生阅读能力的发展状态，也似乎并不善于诊断、描述和有针对性地提升学生的阅读水平。即使是在考试层面，我们也不能自信地说可以较为准确地诊断学生的阅读能力。

（一） 阅读能力的结构要素

阅读能力是一种综合运用的能力，它由相关的能力要素构成。关于阅读能力要素的分析，是基于不同的研究方法和视角提出的。有的是用定量的方法；有的是用定性的方法；有的是站在语文学科教学论的视角看待这一问题，有的则是从认知心理学的角度进行分析，还有的是从大脑心理功能角度进行考察。以往的研究从某种程度上揭示了阅读能力的要素组成。综合各方的观点，我们尝试从阅读的速度、广度、深度以及方法四个维度来探讨阅读能力的结构要素。

1. 阅读速度

从阅读速度角度来看，需要掌握快速获取信息的能力。速读是一种能力，是需要经过专门训练的真正眼脑直映的阅读方式。真正高水平的阅读，应该有一定的阅读速度。特别是在当今信息化和知识大爆炸时代，速读能力显得尤为重要。国内外相关的阅读能力测试都将速度作为一个重要指标评价中小学生的阅读水平，如 PISA 测验等。

2. 阅读的广度

从阅读的广度来看，需要具备拓展阅读的能力。知识是相互联系的，这就要求读者能够广泛阅读各种类型的读物，读一篇文章或一本书能够带读许多书，不断地扩大自己的涉猎面。同时，随着信息时代的来临，也要求个体能够运用互联网、图书馆、数据库等广泛搜集、浏览各种类型的丰富的阅读资料。既能够从各种文本材料中获取知识，同时也能从日新月异的科技文本中收获新知。

3. 阅读的深度

从阅读的深度来看，需要形成以下五种能力：

（1）认读能力

认读能力指对所呈现的阅读材料的基本解码能力，运用词汇、语法、句法及语言学方面的知识储备感知、辨识文字符号与篇章结构，获取材料中的主要信息及基本意义。

（2）理解能力

在感知材料的基础上利用已有的知识与经验，通过概括与分析、归纳与演绎、分类与比较、联想与想象等思维活动，了解阅读对象的思想内容和语言形式。

（3）评价能力

能够为了特定的目的和情境需要，对阅读材料包含的思想内容、情感态度、价值观及语言形式等做出反思与评价。

（4）鉴赏能力

对阅读材料所包含的美进行感受与欣赏，如品味作品中的具有表现力的语言，体味作品中感人的行为、情境和形象。

（5）运用能力

指运用所读的信息材料创造性地解决实际问题的能力，如学习使用阅读材料中的表达方式，在原文的启发下创作有价值的作品，学会利用文章中的信息和含义解决生活、工作和学习中的问题。

4. 阅读方法

从阅读方法的层面看，主要涉及的能力如下：

（1）朗读与默读的能力

能用普通话正确、流利、有感情地朗读课文；默读正确，不指读。

（2）做读书笔记的能力

阅读的时候能够使用圈点、勾画和批注等做读书笔记，能够写内容提要。

（3）查阅工具书的能力

能够使用工具书查阅所需要的资料，解决阅读中遇到的问题与困难。

（4）选择读物的能力

能够在丰富多样、种类繁多的阅读材料中依据一定的标准和方法选择有价值的、高品位的读物进行阅读，具有一定的阅读品位。

（二）小学语文阅读能力发展的阶段

一个人的阅读能力不是天生的，也不是一下子形成的。它是在阅读教学的指导下及长期的阅读实践中逐步培养起来的，是一个从低级到高级的动态发展过程。在这一过程中，其发展水平与个体的生理、心理以及思维发展水平密切相关。小学阶段阅读能力发展分为三个阶段：我国义务教育阶段语文课程标准考虑到了这种水平差异性，识字与写字、阅读、写作等模块目标都是按照学段进行划分的，分为1~2年级、3~4年级、5~6年级、7~9年级这四个学段。小学低年级阶段是语言理解阶段，学生以具象思维为主，因此，他们只能阅读带有图画的浅近、短小、生动、活泼的童话、故事等；小学中年级、小学高年级，学生的抽象思维开始形成并快速发展，在阅读的速度、广度和深度方面都应提出更高的要求。学生的这种身心发展特点及思维发展水平，就要求语文教学在培养学生阅读能力方面体现一定的水平差异，突出每一阶段阅读能力发展的重点。

第二节　小学语文阅读能力分段培养逻辑基点

21世纪是信息爆炸的时代，海量的信息犹如空气般弥漫在我们社会的整个空间，而阅读就好像呼吸一样，成了我们生活的基本功能和基本生存方式。未来人才要有很强的自主学习、自我发展的能力，这一切都要通过阅读来实现。而由于知识的海量性、时间的有限性，我们不可能每本书都从头读到尾，由于读者本身掌握知识的局限，我们也不可能每篇文章都读得十分顺利，这就需要我们掌握一定的阅读策略。

一、小学语文阅读能力分段培养理论基础

（一）脑科学理论

20世纪中叶以后，世界各国的神经生理学家、心理学家、分子生物学家、生理心理学家们，立足于前人的研究成果之上，对人的大脑和神经生理机制进行了丰富而又卓有成效的研究，形成了一系列的脑科学理论与假说。

近年来，随着高新科学技术的不断发展运用，以及人们对脑科学研究的深入持续关注，关于脑科学的各种概念不断地被归纳总结出来，理论成果也是日渐丰富。其理论内涵包括以下四方面：大脑两半球功能是有分工的。20世纪60年代，美国神经生理学家罗杰·斯佩里（Roger Wolcott Sperry）和他的学生一起进行了著名的"裂脑实验"，提出了大脑两半球功能分工说，他们认为：大脑两半球对人体的运动和感觉的管理是交叉的，即脑左半球管理右侧肢体的运动和感觉，脑右半球管理左侧肢体的运动和感觉。而且，脑的左右两半球以不同的方式进行思维活动：脑的左半球侧重于抽象思维，如语言、逻辑、数学、分析、判断等，它主要是以线性方式处理信息的；脑的右半球则侧重于形象思维，如空间关系、艺术、情感等，它主要是以视觉空间的非线性方式处理信息的。同时，他们的研究还表明，人的右脑不仅记忆容量很大，而且在认知方面也有左脑不可比拟的优越之处，如具体思维能力、对空间的认识能力、对复杂关系的理解能力、情绪表达和识别能力等方面，右脑都优于左脑。

脑的不同功能的发展有不同的关键期，某些能力在大脑发展的某一敏感时期最容易获得。如对语言学习来说，音韵学习的关键期在幼年，而语法学习的关键期则大约在16岁以前。关键期时候，学生学习的可塑性与发展速度都受到很大的影响；此外，对不同的学习者来说，脑的不同功能发展的关键期也并不完全一致，存在一定的个体差异，在脑的不同发展上有着不平衡性。因此，在我们的基础教育中一定要抓住各个关键期，让诸如视觉、听觉、语言等能力都适时地打开"机会之窗"（Windows of opportunity），使学习者脑的不同功能得到及时的发展。心智的结构是多元的。美国著名心理学家拉迈耶进行早期教育干预研究，这个研究证实教育方案能够防止学习者在智力发展上的延缓，并能够提高IQ分数；与

此同时，他还发现智商测试或许是一个有用的工具，但智力实际上是多元或者是多重的。因为每个大脑表现出来的个体特征不尽相同，在情感、行为和认知能力上存在差别。在这方面，美国哈佛大学心理学教授加德纳（Howard Gardner）《心智的结构》的结论简单但极其重要。他指出，我们每一个人的大脑至少由八种智力构成，每一智力或能力在大脑中有相应的位置，存在脑功能的不同定位，若严重损伤某个部位，你就会有失去特定能力的危险。加德纳《心智的结构》中提出的八种智能理论，拓宽了人们对智力的认识，既向传统的智商测试提出了挑战，又为实际教学策略的研究提供了脑科学依据。情感智力与情商的提出，向狭隘的经典智力和智商概念提出了挑战。脑科学研究越来越多的证据表明：情感在人类学习中起着不可低估的作用，情感与认知并不是对立的两个过程，而应当理解为两个并行的过程，它们以特殊的方式联系在一起，对学习者有不同的意义或价值，都是大脑神经整体功能的体现，反映出神经活动的效率。

脑科学研究已经被证实是当前教育发展的重要方面，在新课程改革中将会得到更加长足的进展。因此，在我们的基础教育改革研究中，特别是研究学生学习，我们应该更多地关注和吸收脑科学研究成果，及时把握脑科学的最新前沿发展，着力于开拓这一领域，努力推动教育科学和教育实践的不断创新，从而促进学生学习全方位地革命。

（二）皮亚杰认知建构学习理论

认知建构学习理论由皮亚杰（Jean Piaget）提出，他强调学习过程的建构性。该理论主要观点是：个体从出生开始就根据其自身经验，在脑海中建构个人意义，即建立他对世界及其身边事物的理解。他将学习者个体视为认知建构的主体因素。

皮亚杰就对婴儿到成人的不同阶段人们是如何学会认识事物进行了探究。他指出：在生命的所有阶段，人们对事物的了解最主要是通过个人经验的积累而获得，然而在生命的不同阶段，人们对个人经验又会产生不同的理解。根据皮亚杰的观点，人们的生命按如下不同阶段进行划分：

1. 感知运动阶段

该阶段存在于婴儿时期（0~2岁），主要通过感觉器官探索和学习事物。

2. 直觉阶段/前运算阶段

该阶段存在于孩童时期（2~7岁），儿童开始形成表象或形象图式，他们的记忆力、思维能力与想象力得到一定发展，他们开始善于运用表象符号代替所指事物，因此，语言能力得到迅猛发展。

3. 具体运算阶段

该阶段存在于儿童时期（7~11岁），他们已经具有了抽象概念，多向思维，因而思维可以逆转，可以进行逻辑推理，此外他们还获得了守恒概念（如长度、体积、重量等）。

4. 形式运算阶段

该阶段为最后的发展阶段，此时个体思维已经无须依赖对具体事物的感知，个体能够对多个命题之间的逻辑关系进行推理，不仅能运用经验归纳的方式进行推理，还能运用假设演绎的方式进行推理以解决问题。皮亚杰把个体认知发展过程看作是个体心智成熟过程，认为该过程是由个体遗传因子和人生经验共同影响与作用。他认为心智的发展过程就是个体新获得的知识经验与已有的知识经验不断融合、达到平衡的过程，它包含了同化和顺应两部分。同化过程是指当新知识与旧知识相矛盾，个体在人脑中将新知识进行修正，使之与旧知识相契合，将其纳入原有知识体系，从而形成新的知识结构的过程；顺应过程则是指当旧知识与新知识相矛盾，个体在人脑中对原有知识进行修正，以使其能容纳新知识，从而形成新的知识结构的过程。由此可见，思维的发展与已有经验知识是认知建构的基础，个体在学习过程中任务难度应与学生当前认知能力相符。

此外，作为皮亚杰思想的主要推行者，布鲁纳（Jerome Seymour Bruner）首先将认知建构学习理论与教学相结合，强调教育过程的重要性，强调教育不只是教授学生知识，更重要的是促进学生理解力的发展与认知技巧和策略的发展，即教授学生正确高效的学习方法，使其学会如何学习。他还指出根据个体认知发展规律，教师应该先教授基础知识，在此基础上再教授更深入的知识，即教学应遵循由易到难、由浅入深、由简到繁的规律。布鲁纳发展皮亚杰的理论，提出了个体的三种不同思维形式行动的、图形的和符号的思维形式，这三种思维形式依次发展，逐渐交叉并存。在行动思维形式阶段，个体通过直接操作具体事物进行学习；在图形思维形式阶段，个体可以通过理解代表某具体事物的图像，如插图进行学习；在符号思维形式阶段，个体能够理解具体图像或想象中的事物的象征意义。

(三) 分层教学的相关理论

1. 因材施教理论

孔子是我国古代教育史上第一个将"因材施教"教育思想应用在教学实践中的伟大教育家。孔子根据学生的不同性格、资质、品格等进行针对性的教育，留下了许多经典的"因材施教"的案例供后人学习与借鉴。我国伟大的教育家陶行知先生主张，教学必须从学生的实际情况出发，学得多教得多，学得少教得少，学得快教得快，学得慢教得慢。我国历史上的教育家们非常重视人的个体差异性的存在，并且已经根据此种差异性而有针对性地采取了不同方式的教育，即"因材施教"。西方教育学家研究教育现象更加关注人的个性，对于教学问题的思考上，更多地立足人的存在和价值，因此，西方教育者们喜欢使用个性差异、天性差异等词来表述不同学生的差异存在。一些国外的教育家对学生个体差异的关注也体现了"因材施教"的思想。如法国教育家卢梭（Jean-Jacques Rousseau）强调对儿童的教育要尊重并顺应儿童的自然本性，教育不仅要符合儿童身心发展的特点，还要适应儿童的个体差异，也就是针对不同的个体进行因材施教。分层教学就是教育者对不同水平具有不同接受能力、不同性格的学生进行"因材施教"。分层教学首先承认学生的个体差异，然后教育者针对学生的个体差异实施具体的教学行为，目的是使各个层次的学生均在原有的基础上学有所得，有所进步。这样，教师选择适合每个学生特点的方法来有针对性地教学，发挥并培养学生的长处，弥补学生的不足，能够更好地树立学生学习的信心，从而促进学生更好地全面发展。因材施教特别重视学生的个体差异性，根据个体差异性的不同进行不同层次的教育教学，特别有利于学生的学习、信心的树立和个性的发展。

根据学生的个体差异性，在日常的阅读教学中，按照学生不同的阅读方式、阅读习惯，以及不同的学习能力进行"因材施教"，这样可以有效提升班级里每一个学生的阅读能力和阅读水平。分层教学法将阅读水平相近的学生划分为一个层次，对每一个层次的学生设定不同的阅读目标，进行有效教学。

2. 最近发展区理论

"最近发展区"理论的基本观点是：教育对学生的发展能起主导作用和促进作用，但需要确定学生的两种发展水平：一种是已经达到的发展水平，另一种是学生可能达到的发展水平，但必须有成年人或能力更强的同伴在学习者和要解决的问题或处理的任务之间起中介作用，这样所能达到解决问题的水平与在独立活动中所达到的解决问题的水平之间的差距称为"最近发展区"。"最近发展区"给我们的启示是：根据学生可能达到的发展水平可将全班进行分层，结合每一层次学生的发展水平，制定教学目标要求，并根据目标要求设计教学环节和教学活动，使学生积极地参与适合自己水平的教学活动，对于课后作业也可根据学生可能达到的不同水平进行安排布置，使学生能达到符合自己能力水平的目标，体验成功的乐趣，树立积极向上的学习态度，更重要的是能够使不同层次水平的学生更好地树立信心，使得学习成为自己的一个内在需求和可持续的发展过程。在分层阅读教学中，教师有必要去对每一个学生现有的阅读水平进行了解，并为他们设定"跳一跳，努力一把就能达到"的阅读目标。根据学生的不同阅读水平和阅读能力进行分层，然后开展教学活动，实施不同的教学方法，以便不同层次的学生进行有的放矢的学习、探究，从而完成阅读学习目标，使各个层次的学生的阅读水平不断进步。

二、理论基础对阅读能力培养的启示

对话理论、认知建构理论、脑科学理论、分层教学理论四大理论在阅读信息加工、阅读理解与接受、阅读鉴赏等方面，给小学语文阅读能力培养教学以丰富的启示。

（一）丰富阅读认知，打好阅读基础

从心理学角度来看，阅读是读者把从材料中感知的信息和他的认知结构中原有的知识，结合起来生成意义的过程。跟任何领域中的专长一样，熟练的阅读能力也应该有赖于三个要素：观念性理解，自动化的基本技能，认知策略。所谓观念性理解，是指学习者具有应对阅读对象中所涉及的诸如字词句、文体、语体、主题等方面的知识，从知识的分类来看，也就是陈述性知识；所谓自动化的基本技能，是指学习者对阅读中遇到的字词句、文体、语体、主题等的解码、分析技能；所谓认知策略，是指学习者在阅读过程中自发形成的一种技能和方法。从知识的分类来看，后两者属于程序性知识。基于上面的理解，可以将阅读过程分为四个过程：解码过程，字面理解过程，推理过程，理解监控过程。认知心理学关于阅读能力的阐述，启发我们在阅读教学中应该丰富学生的认知策略，积极培养学生的阅读认知能力。在阅读理解的过程中，学生首先是认知言语信息，而言语信息主要是以图式表征出来的，它存在于个体的认知结构中。

（二）构建对话平台，促进阅读理解

阅读教学的目的是发展学生的阅读理解能力，它引领着阅读教学实践，目的不明确或者似是而非，无疑会妨碍阅读教学效果。新课程标准中对阅读教学目的做了详细的表述，归纳起来就是：培养阅读鉴赏能力，丰富阅读的情感体验与认知，发展学生的健康个性。可见，阅读教学就是要培养学生的阅读素养，在提高阅读素养的过程中培育阅读的主体精神，从而为其健康成长打下知、能、情、意的基础。

为了达到这样的教学目标，在阅读教学过程中，应积极构建阅读对话与交流的平台，创设阅读情境，以增进阅读过程中师生的情感，拓展阅读过程中的阅读效能，提升阅读过程中的阅读品位，改善阅读教学品质。在这样的前提下，教师引领学生阅读理解文本，并走进学生的智慧世界，参与学生智慧的构建。由于学生的阅读理解具有内在的未完成性与自由开放性，这就赋予学生阅读理解过程的未定论性与无限的可能性。因此，在阅读教学过程中，教师还应带领学生在阅读情境的平台上，对阅读文本展开对话与交流，在不断汇聚、融合的过程中生成新的意义，并在这样的过程中，培养、发展学生的阅读理解能力。

（三）亲历阅读过程，尊重阅读体验

阅读教学的过程中还应逐步培养学生阅读评价能力。在阅读理解过程中学生有能动的作用，他是文学作品的另一创作者。因此，在阅读教学思想、方法、态度等方面，我们应该始终确立学生的主体地位。接受美学理论告诉我们：读者的阅读过程也是一个再创造的过程，其中读者是主体，作品是客体，二者产生互动、对话的关系。在接受美学理论的观照下，读者被发现，被赋予主动接受的权利，成为自主的、开放的、具有个性的创造者。因此，在阅读教学中，应该尊重学生作为读者的地位，尊重学生的阅读体验。教师在阅读教学中不应越俎代庖，要把阅读、体验、反思的权利交还给学生，确立学生在阅读教学中的主体地位，正确地利用学生的阅读期待，激发学生强烈的阅读欲望、想象、创造性思维，从而促进阅读理解；同时让学生积极而能动地，通过想象和理解排除或者填补未定点与空白点，深化对阅读文本的阅读理解。只有这样，阅读教学过程中才会卓有成效，才能切实提高学生在阅读理解过程中的评价、鉴赏能力。

（四）分层重点学习，活用阅读策略

阅读理解的最高层次是创新运用，为了提升阅读过程中的创新能力，应该进行科学的训练，训练的内容包括阅读的鉴赏型策略。鉴赏型策略作为一种高级的自我调控技能，总是包含一整套操作步骤的。在阅读教学中，教师应注意科学训练学生鉴赏型策略，有序给学生呈现关于阅读概念与规则的知识；并通过科学的方式，指导学生开展对各种规则的应用科学训练阅读策略的同时，还可以运用脑科学的新概念与假说，训练学生阅读理解过程的思维等方面的阅读品质。如在阅读过程中，既要让学生感受作品的艺术形象，又要让学生领会作品的主题思想和构思特点。这样就要求教师在阅读教学中，应该根据阅读文本的自身特点，提倡多读多写，重视积累、感悟、熏陶和语感，切实促进学生大脑两半球的和谐发展；如教师应改变以讲解为主要方式的教学形式，采用多种方式并存，积极倡导自主、合作、探究的学习方式，保护、尊重学生的多元化的解读方式，以培养学生阅读过程中反思、批判、创新的能力；如在阅读教学价值目标的取向上，要全面提高学生的语文素养，在阅读教学的过程中不仅是关注"知识与能力"，也要关注"过程与方法""情感态度与价值观"，并且要让三者有机地结合在一起，真正促进学生认知与情感的协调发展。只有使以上各个方面有机地结合起来，才能真正地提升学生阅读创造能力。

上述四个方面的基础理论，给新课程下学生阅读能力的培养以丰富的启示，给目前的阅读课堂教学实践以理论的指导。这四个方面的基础理论，从阅读理解的不同层面建立起一个立体的理论体系，为我们探索新课程下阅读能力形成的规

律提供了理论思考的方向，更为我们探究新课程下学生阅读能力培养的基本策略提供了方法论的指导。

第三节　基于学生主体视域下的阅读能力策略培养框架

当前阅读研究已渐渐突破学科领域的限制，阅读不再被认为是单纯地理解教材文本，而是渐渐走向真实情境下的意义建构和运用。阅读素养成为一切学习能力的核心，而阅读能力是阅读素养的基本能力。基于此，阅读教学逐步转向教授学生处理真实阅读问题的阅读策略。然而，就目前我国的语文阅读教学来看，教师对阅读策略的认识普遍不深，还没有形成系统的阅读策略教学意识。

一、阅读策略培养国内外研究

所谓策略教学，是指通过教学提高学生对学习要求的意识，掌握和运用恰当的策略来完成学习任务，从而形成监控策略运用的能力。

阅读策略与阅读方法的区别在于：阅读策略比阅读方法更加具有整合性、条件性、灵活性。阅读方法是独立存在的，而阅读策略可能是一系列阅读方法的整合，而且阅读策略的使用具有条件性和灵活性，根据阅读任务、阅读目的、文本材料特点的不同，读者要选择不同的阅读策略，并且要随时调整适合自己的阅读策略，来帮助自己阅读。阅读策略是学习策略在语文阅读中的具体表现形式，是指读者在阅读过程中，根据不同的阅读任务、阅读目标及阅读材料，所选择的促进有效理解的可灵活调整的方法和技巧。阅读策略比阅读方法更加具有整合性、条件性、灵活性。

阅读理念的变化促使研究者把研究视角从阅读技能训练转移到阅读策略的研究方向上来，很多国内外的研究者都对掌握阅读策略的重要性做了阐释。好的阅读策略应使学生认识到运用策略的目的，策略怎样和为什么起作用，何时何地可以运用策略要引导学生积极参与对策略的评价、调控和整合，使之成为阅读的主动者。与传统的技能训练观不同，策略教学观认为：阅读能力是整体发生、内核生成的，字词句段、语修逻文、听说读写等基本技能是在整体大量的阅读过程中自然生成的。阅读是读者的原有知识和文本的现有信息相互作用而建构新意义的动态过程，即对话与重新建构的过程。"对话"将读者视为阅读活动的主体，阅读成为沟通人这个生命主体与文本内在精神从而发生思维碰撞、心灵交流的桥梁。"建构"的实质是读者的原有知识被激活，自觉运用阅读策略提升阅读能力。它注重学生对文本整体的感知、领悟和理解，珍视学生独特的感受、体验和思考。阅读教学的重点是培养学生感受、理解、欣赏和评价的能力。理解能力和整体感知能力是一个人阅读能力的重要标志。因此，阅读教学应该从精熟学习转向策略学习，以往占了课堂大部分时间的字词教学、篇章结构等重视知识获得的教学模式要向重视建构知识的策略性学习转变。

二、基于学生主体视域下的阅读能力培养的作用和策略

小学阶段的学生年龄层次较低，注意力跨度小，其在进行阅读学习时往往会由于生理条件的制约而在进行阅读学习时难以全神贯注。鉴于这样的情况，采取多样化的方式方法激发小学生的阅读学习兴趣，提高小学生阅读学习的积极性和主动性就十分重要。着力开展高效的阅读教学，切实培养和提升小学生的阅读能力，是当前小学语文教师阅读教学工作的重要出发点和着力点。

（一）小学语文阅读教学与学生阅读能力培养的作用

1. 有利于提升教学质量

良好的语文教学过程，可以让学生在阅读中积累知识、拓展思维；可以让小学生调动兴趣、培养情感，使小学生在实践阅读教学中逐步增强语文阅读能力，强化语文学科核心竞争力。因此，教师要巧妙借助具体阅读教学培养过程，接纳学生阅读学习新思想、新形式、新理念，增强学生对语文阅读学习的兴趣和动力，保证学生在实践学习中提高学科思维、强化探索动力，进而高质量、全面性展开阅读创新活动，帮助学生实现教学创新与拓展活动，让学生真正掌握语文阅读的技法。学生在实践学习过程中，了解阅读的步骤、理念、技巧等，积极开展快速性阅读理解学习活动，促使小学生的语文阅读能力得到良好培养，促进阅读理解能力全面锻炼、科学展示，增强小学生语文学科综合能力。

2. 有利于提高课堂效率

小学语文阅读教学具备前沿性、科学性、高效性，在实践育人中，小学语文教学要结合语文阅读教学方式方法的普及与拓展，有效提高学生的课程探究素养、强化课堂学习能力，促使学生扎实掌握阅读的方法，逐步拓展阅读学习理念，以趣味、高效的学习思想进行阅读探索活动，从而保障学生在实践学习中增强核心素养、提升综合能力，为学生阅读思维培养奠定坚实基础。与此同时，在锻炼小学生的语文阅读综合能力过程中，可以引发小学生自主探索学习的欲望，使学生在实践学习过程中，有效培养学科思想、强化学习动力，积极开展创新性、多样性教学引导活动，使学生真正成为课堂学习的主人，进而全面提升语文阅读学习效率，让学生徜徉在语文阅读知识海洋中，提升自身文学素养。

3. 有利于加速教学改革

在新课改育人理念下，教师要结合"语文阅读教学"创新理念，科学开展创新性、多样性教学引导活动，使学生在实践学习中逐步培养学科思想、强化综合能力，进而全面开展创新、多样的教学活动，使学生的语文学习竞争力、语文探究综合力得以锻炼，有效提高小学生的语文阅读学习效率，彰显小学语文课堂教学改革的价值与作用。教师要以"阅读"为突破口，帮助学生进行实践性教学活动，让学生真正成为课堂学习的主人，充分展现课堂学习主体作用，使学生阅读学习思想全面创新、发展；积极培养学生合作学习拓展力和探索力，促使学生在阅读变革与发展过程中，深入开展实践性学习活动，助力学生快速掌握语文学科基础知识，提高语文学习核心素养，为学生全面性发展奠定基础。

（二）当前小学语文阅读教学存在的不足与缺失

1. 教师阅读教学方法单一滞后，学生阅读学习兴趣不足

当前小学语文阅读教学尚存在一定的不足与缺失，其中教师阅读教学方法单一滞后、学生阅读学习兴趣不足就是不可忽视的重要方面。受传统应试教育的影响，为了增加阅读知识的输出量，部分教师在进行语文阅读教学时往往沿用传统的讲授教学法。这种教学方法虽然能够在一定程度上帮助学生进行知识获取，但其注重知识的输出，在此过程中小学生的课堂主体地位被忽视，其不但无法从阅

读教学中获得愉悦的情感体验，反而会因教学方法的单一滞后而对阅读学习产生一定的厌倦心理，这对小学生阅读能力的培养，对小学语文阅读教学的进行都很不利。

2. 师生之间阅读交流不畅通，学生阅读学习目标性差

师生之间阅读交流不畅通，学生阅读学习目标性差，这也是小学语文阅读教学存在的一个不足与缺失。具体而言，鉴于课堂教学时间的有限性和教师课前教学储备内容的固定性，大部分教师在进行阅读教学时往往按部就班，同学生之间的沟通交流也十分有限。这一方面造成了教师对学生阅读知识和内容掌握情况不明，另一方面也使得师生之间互动甚少，师生关系和课堂氛围疏离僵化，这也有碍于小学语文阅读教学的开展。与此同时，鉴于小学生自身阅读规划不明确，其在进行阅读学习时往往存在一定的随意性和盲目性，阅读学习目标性差，这也制约了小学生语言阅读能力的培养。

（三）小学语文教学中切实培养和提升学生阅读能力的现实举措

第一，丰富教师的阅读教学方法，激发小学生阅读学习兴趣。

鉴于当前小学语文阅读教学存在的不足与缺失，为进一步培养和提升学生的阅读能力，推动小学语文阅读教学的顺畅开展和进行，教师首先要从自身的阅读教学举措出发，通过丰富自身的阅读教学方法来激发小学生的语文阅读学习兴趣，以便为学生阅读能力的培养奠定坚实的内外部基础。具体说来，教师的阅读教学方法要根据阅读文本的不同和小学生的实际学习情况、学习兴趣点等灵活加以选择。

第二，密切师生之间、生生之间的阅读沟通。

密切师生之间、生生之间的阅读沟通关系，是小学语文教学中切实培养和提升学生阅读能力的重要举措。密切的师生关系，和谐的阅读教学课堂，是培养学生阅读能力的重要助力。教师一方面可以组织相应的趣味阅读活动来提高师生之间的沟通互动频率，另一方面可以通过构建网络互动平台来拓展学生的阅读学习内容和阅读视野。多样化的沟通交流方式对师生之间、生生之间的密切阅读沟通大有裨益，这对培养和提升小学生阅读能力颇多助益。

阅读教学在小学语文教学中占有重要位置，不可否认的是，当前鉴于主客观

因素的制约和影响，小学语文阅读教学的开展和进行尚存在一定的不足与缺失。但是只要教师能够加强认知，切实丰富自身阅读教学方法，密切师生之间、生生之间的阅读沟通，那么学生阅读能力的培养和提升必定能够更加高效顺畅地开展和进行。值得一提的是，教师也要加强反思总结，对自身阅读教学中的各项举措加以认知，对其中不合理、不恰当之处积极地调整和改进，切实做到有则改之、无则加勉，以便小学语文阅读教学的进行更加顺畅，学生阅读能力的培养更加切实。

第三，创设语文阅读教学情境，增强学生阅读探索动力。

新背景下，我国小学语文教学面临机遇与挑战，教师要结合新课改育人目标任务，合理开展创新性、多样性教学活动，促使学生的课堂学习竞争力得以拓展，为学生深入、全面、高效开展实践学习活动助力。教师要根据学生的整体学习现状，开展创新性阅读教学活动，通过创设适宜语文阅读的教学情境，增强学生对课程学习的兴趣与动力，让学生真正成为课堂的主人，有效提升自主学习综合能力。

第四，优化语文阅读教学过程，拓宽学生阅读学习视野。

语文阅读过程是一个兼容性、科学性、创新性的教学过程，教师要结合小学生的特点，合理创设适宜的阅读教学方案、模式等，让学生在接纳知识要点、重点过程中，有效提高课程学习竞争力，为学生高质量开展阅读探索活动做好铺垫，进而达到提升小学生语文阅读能力的目的。教师要融合新课改育人目标任务，积极培养学生探索学习能力，强化探究学习动力，使学生真正成为课堂学习的主人，科学开展主动式阅读学习，使小学生的语文阅读思想意识全面拓展。

第五，展现多样阅读教学活动，提高学生阅读综合能力。

小学语文阅读教学活动中，教师要结合新课改育人目标任务，积极开展实践性、趣味性、科学性教学活动，使学生在学习中逐步培养学习思想、建立阅读思维，从而不断增强学生语文学习综合能力。因此，教师要通过多样性的阅读教学活动，来提高学生语文阅读综合能力，使学生的阅读学习素养得到有效培养，更为全面、高效地开展实践学习体验活动，为学生高标准、高质量展开探索学习做好铺垫。因此，教师要借助小学生感兴趣的语文阅读教学活动，让学生逐步增强学习兴趣和动力，使学生的自主性、自律性阅读学习习惯有效养成，积极配合教师、同学进行实践阅读学习活动，提高小学语文课堂教学质量与效率，提升小学生语文学科核心素养。

总而言之，小学语文阅读教学是非常重要的一部分学习内容，必须得到应有的重视，无论是学习兴趣还是学习热情都必须得到培养和激发。教师也要不断更新自己的思维观念，改变自己的教学理念，采用先进的教学手段，比如多媒体技术教学手段、微课教学手段等都可以用，进而培养学生的阅读素养，提高学生的阅读能力，让学生的阅读成绩在潜移默化的过程中得到提升。这样整个阅读课堂的教学氛围也会更加浓厚，课堂教学质量必然也会得到提升。

第六章　小学语文课外阅读

第一节　小学语文课外阅读指导策略

一、指导学生认识课外阅读的意义并树立正确的阅读观

（一）充实知识储备

与教材中的阅读内容相比，课外阅读内容题材比较自由宽泛，涉及面比较广，趣味性较强，无论是在学生知识储备的充实上，还是在对课内阅读内容的内化、巩固上，都具有重要的作用。

学生的知识体系是通过课内外的自主学习而逐渐建立起来的。学生在课堂上掌握的知识不够具体，也不容易理解，需要再消化才会吸收。而课外阅读是学生获取新知识的一条重要途径，大量地进行课外阅读，可以使学生在头脑中已有的课内知识的基础之上，结合课外阅读所获取的知识，建构起"立体"的知识体系，最终生成个人对知识的认识。

在日常教学中，教师应通过各种形式的教学活动，使学生意识到大量的课外阅读对充实他们知识储备的重要作用。例如，给学生介绍名人名言，中国自古就有很多谈读书的好处的名言、俗语，例如苏轼所说的"书富如入海，百货皆有"、朱熹所说的"问渠那得清如许，为有源头活水来"以及俗语"秀才不出门，便知天下事"，都在强调扩大阅读量对人知识积累的重要意义。还可以开展知识竞赛，把通过大量阅读课外知识而取得竞赛胜利的学生作为榜样，起到示范作用。另外，教师在日常教学中要时常扩充课外知识，让学生感受到课外的世界是多么广阔，课外的知识是多么重要和有趣。

（二）增强道德修养

阅读教学应引导学生"受到情感熏陶，获得思想启迪"。学生在课外阅读中会潜移默化地受到科学的世界观、正确的价值观以及高尚的道德情操的感染。孔子云："见贤思齐焉，见不贤而内自省也。"学生在课外阅读的过程中会不知不觉地将自己的思想和行为与书中所描述的人物形象进行比较，当遇到自己心中的英雄或学习的榜样，如军人、科学家、教师、英雄人物等时，会学习他们的精神、品质，在遇到反面人物、恶性事件时，会省查自身，改正自身的缺点，提高自己对是非的辨别能力，无形中就提高了自身的道德修养和思想意识。

教师在课外阅读指导时，应使学生认识到读书不仅对他们的知识积累有着重要作用，对道德的提高也有重要的积极意义。读书养性，读书可以陶冶性情，使自身变得温文尔雅，甚至一本好书，可以影响人的一生。教师还要鼓励学生向课外阅读中的模范人物学习，开展课外阅读汇报活动，分享他们在课外阅读的过程中从那些品德高尚的人身上学得了哪些精神、品质，对自己的道德修养和思想意识有哪些提高。不仅能使学生意识到课外阅读对他们道德修养的提高作用，还对他们的写作、表达能力都有所提升。

（三）锻炼自学能力

语文的自学能力，包括四种能力，即获取知识的能力、运用知识的能力、整理知识的能力和自我评价的能力。

对于获取知识的能力来说，学生在进行课外阅读的过程中，需要搜集并辨别信息，即搜集并辨别课外阅读内容，还要运用自己已有的知识经验和使用工具书来顺利而有效地完成阅读活动。学生首先要在没有教师的帮助下，自主完成对字、词、短语的认知，再将文本中的句、段连接成有意义的观念，还要对阅读材料的思想内容、表现形式等进行鉴别和评价。在这一过程中，学生获取知识的能力将得到充分锻炼。

对于运用知识的能力来说，学生会在课外阅读之后，将贮存起来的各种知识根据需要灵活地提取出来，这也符合语文的工具性属性。将课外阅读知识进行实际运用可以采取多种形式，对于阅读文学类课外读物来说最直接的运用方式，便是口头和书面表达，教师可以开展写作竞赛，鼓励学生将课外阅读积累的佳词丽句、写作手法应用于写作之中。对于科技类课外读物来说，教师可以鼓励学生进行科技小实验、分享科技知识等。总之，要让学生感受将课外知识进行实际运用的独特体验，在运用的过程中提高自己的知识运用能力，而非死读书。

对于整理知识的能力来说，学生在大量课外阅读之后，需要将获取的信息进行分析综合、经过筛选归类，纳入大脑记忆或是纸面记载。在自学能力培养的过程中，进行整理知识的训练是更高层次的能力训练，它有利于学生将所获取的知识真正理解、牢固记忆。整理知识的能力也有很多层级，对于小学生课外阅读来说，可以采取最简单的，就是指导小学生对自己所阅读的内容按不同的标准进行归类，如将自己读的书籍根据题材进行归类，或将自己摘抄的佳词丽句按照主题进行归类。这样不仅有利于学生对信息的随时提取，还可以激发学生的探索问题的兴趣，开拓思维空间。

对于自我评价的能力来说，学生在进行课外阅读的过程中，会对自己的表现进行自觉的评价，其中既有对自己学习过程、结果的评价，又有对自己学习过程的管理。让小学生对自己进行评价，有利于他们了解自己学习的意志品质方面（如专注力、记忆力、思维等）的特点以及自己与其他人在这些方面的差异，从而有针对性地锻炼自己。让小学生自己对自己进行管理，包括时间管理、环境管理、努力管理、资源利用等方面。如教师布置阅读有关内容，由小学生自己进行时间上的安排，利用各种学习工具，按照自己的意愿，完成课外阅读任务。这对年龄小、自制力较差的小学生来说，也是一个不小的挑战，但同时也是提高他们自学能力的有效途径。

（四）利于身心放松

不可否认的是，学习负担重、课内教学只追求成绩而使学习变得乏味，加之各种补习班，这些对学生的身心健康都将造成危害，很多学生都会出现厌学的心理。而课外阅读内容较为生动、有趣，形式较为灵活、多变，会使学生在阅读中得到心理满足，产生愉悦的情感体验。反过来，获得了所需知识和愉悦体验的学生又会产生对阅读的兴趣。从生理、心理的角度来看，学生对所学内容的兴趣被激发，大脑就会变得兴奋，思维也会非常活跃，学习状态得到改善，从而收到事半功倍的效果。

教师在指导学生进行课外阅读时，应注重引导学生从课外阅读中获得身心的放松。一方面，不必过分强调阅读任务，在一定的指导下放手让学生自主去选择自己感兴趣的课外阅读内容；另一方面，可以让学生自己分享他们在课外阅读中有怎样愉悦的体验，使学生意识到课外阅读对他们放松心情、发散思维的重要意义。

（五）提高语文素养

语文素养是语文知识、语文能力、一般智力、社会文化常识以及感情意志与个性五个方面的有机复合体，其中语文知识和语文能力居于主干地位。

语文素养需要积累、继承，大量的课外阅读会为学生积累大量的语文知识，提高学生语文的学习和运用能力，开发学生的智力，树立良好的、科学的、正确的情感态度与价值观，有益于学生语文素养的提高、有益于语文学习。

教师应创设情境，提供展示的机会，让学生体验阅读成效。在大量的课外阅读后，学生必定增长了知识、开阔了眼界、提高了能力，此时教师要尽可能地提供更多的机会让学生展示，如开展诗句接龙比赛、美文分享会、朗诵比赛、知识擂台赛等，一方面，让学生感受到自己的进步，体验自己的语文素养的提高，从心理上获得成就感，从而维持他们课外阅读的学习动机；另一方面，能够让教师了解学生的阅读情况，便于教师调整自己的指导策略。

（六）提升审美修养

人的文化心理结构可以分为智力结构、伦理结构和审美心理结构等三个方面，亦即传统哲学所说的智、意、情等三个领域。与此对应，教育也有智、德、美三育。审美、情感与道德情感的融合，能够形成一种推动道德认知向道德行为转化的力量，因此可以说，美育是德育发展的重要基础。另外，美育能够培养人的感知能力、想象力、表达力、鉴赏力等，对于人的智力开发、思维能力的发展具有促进作用。

而语文教材中的阅读篇目有限，很难满足小学生审美修养发展的需要。因此，需要教师为学生提供课外阅读资源。由于审美过于抽象，小学生很难理解它的重要意义，故需要教师帮助他们树立阅读观，即课外阅读对他们审美修养提升的重要意义。

教师要由浅入深地指导学生体验审美，提升审美修养。在最低层次，教师要引导学生初读、初析，获得初步的审美感知。审美体验是从审美感知开始的，而语文教学中的审美感知主要靠视觉和听觉，当然其他感官也要共同参与。尤其对于低年级学生来说，教师要通过色彩、形状、声音等形式提高审美感官的感知能力。

在此基础上，教师还需要引导学生深入挖掘审美对象的内在之美，引导学生展开想象与联想。例如，通过阅读，让学生进一步感受春天的美丽，并让学生展开丰富的想象，根据自己的体验中说一说春天给大自然带来的变化，感受自己审美感受能力的提高。此外，教师还要引导学生捕捉并细细品味那些优美的词、句、段，通过反复吟咏或对比的方式，体味作者遣词造句的精妙之处，对审美对象进行鉴赏活动，从中发现美、品味美。

感受美、鉴赏美，是为了更好地表达美。表达美，则是对美的一种创造性活动。教师应在教学中唤起学生对美进行创造和表达的欲望，设置适当难度的任务激发学生对美的创造与表达。

（七）增强语感

对学生来说，语感的增强，能够使其在理解方面和表达方面都不断进步。

培养语感的途径有很多，概括来说就是"听、说、读、写、背"。

课外阅读的对象绝不仅是阅读纸质书籍，教师还可以指导学生听录音材料，例如观看或听演讲、辩论，听有声读物也是课外阅读的形式。在听的过程中，指导学生注意发音、语调、语速、语气、停顿等，体会语言运用的精妙之处，从而增强自己的语感。

在听和读的基础上，教师指导学生进行语言表达，如诵读课外阅读内容中的精彩部分，复述原文内容，或是进行演讲、辩论等。在说的过程中，学生要组织语言，有逻辑地、连贯地、声情并茂地进行口头表达，而且要注意发音、语调、语速、语气、停顿等。

义务教育阶段学生读的能力包括认读能力、准确理解词句段篇的能力，对文章的评价与鉴赏能力，诵读能力等。除了诵读能力是以说为主，其他的读的能力重在识记、理解和分析，学生通过课外阅读，不断丰富和积累对汉语的感悟，进而体验文章的精妙，实现认知结构的顺应和同化。

写作离不开语言知识和言语实践，而语感又将语言知识和言语实践有机结合起来。学生进行课外阅读后，必定将进行口语和书面表达，书面表达也就是写作，如写读书心得、随笔，或是仿写、扩写。而在写作时遣词造句、设计结构等行为都是语感训练的过程。

背诵是培养语感、发展智能的基本途径，记忆是心理活动得以进行的基本条件。在指导课外阅读时，教师要引导学生在理解的基础上对精辟语句、精彩段落、名篇佳作进行背诵，积累丰富的语料，为语感的形成和增强奠定基础。

二、指导学生对阅读材料进行合理的选择与利用

（一）阅读材料内容的选择

1. 经典性的内容

"经典"是一个具有丰富性、时代性、典型性的意义范畴，它应该符合以下条件：经过历史筛选的、凝结着人类智慧的、对后世具有深远影响的，能够对人起到启迪心智、丰富精神、塑造人格的作用，并会随着人类和社会的发展进步而被不断地重新选择和建构。符合这些条件的阅读内容，也就可称为经典性的阅读内容。

在小学生心理发展的关键时期，要根据其特点，指导其学会选择并阅读经典性的阅读内容。一方面要学习中华经典文化（如先秦诸子的思想，历代典型的、优秀的诗、词、曲、文，中国政治、经济、文化方面的历史和基本知识等），另一方面要汲取世界经典文化的营养（如世界史，西方经典的神话、戏剧、诗歌、小说等），以这些经过了历史选择的高质量信息，刺激学生的大脑，促进其智力发展。

根据"经典"的特点，便可指导学生对经典性的阅读内容进行选择。在最初阶段，教师可以帮助学生选择经典性的阅读内容，在选择的过程中要教给学生符合哪些特点的阅读内容才可称为经典性的阅读内容。例如从年代、作者的角度来

进行划分，把抽象的"经典"概念变得具体可感，使学生易于掌握辨别、选择的方法。在教师帮带学生一段时间之后，放手让学生自主进行选择。

在此有两点值得注意：一是要避免学生因学习经典作品而产生僵化、封建的思想，我们今天学习经典是为了吸收其中的有益成分，而非束缚自己的思想，因此要指导学生具有辨别能力，学会取其精华、去其糟粕。二是要充分地相信小学生，不要因为其年龄小，而总是担心他们无法接受所谓高深的经典内容，及时、适当的指导是他们能够选择、理解和掌握经典内容的保障。

2. 具有时代性的内容

时代的进步要求人们具有开阔的视野、开放的心态、创新的思维，对人们的语言文字运用能力和文化选择能力提出了更高的要求，也给语文教育的发展提出了新的课题。随着人类社会的发展，人类所具备的知识、信息也应随之发展，应具有时代性。时代是一定时期经济、政治、文化的总和，是一个客观的历史进程。人们只有不断更新自己的知识，使自己所掌握的知识和信息具有时代性，才能适应社会生活。

一方面，学生应及时掌握更新的、符合当前时代发展的知识。选择新知识并不代表完全抛弃过去的知识，对于经过长期积淀、选择的经典性阅读内容，我们应该充分吸收其积极成分，而对于那些腐朽的、落后的阅读内容则应摒弃。那么关键就在于教师指导学生对阅读内容进行辨别，选择先进的、积极的课外阅读内容。首先要判断该内容是否符合当前实际，阅读内容首先要确保的就是信息的真实性，因为信息迅速发展的今天，充斥着大量的虚假信息，它们打着"最新理论"的旗号，实际却是为了吸引人们的眼球，毫无真凭实据。其次要确保信息的时效性，如果所见的阅读内容中还在谈"万恶的资本主义"或是"三纲五常"，那这样的阅读内容一定是落后的，不具有时代性。最后要确保该内容的积极性，一些新的信息的确是真实的、具有时效的，但并不利于小学生的身心发展，这样的信息也不能被选择为小学生的课外阅读内容。

另一方面，学生应了解一些时事。时事教育并非仅仅是品德与社会学科的教学内容，同时也是语文学科课外阅读的重要组成部分。了解时事有利于小学生培养良好的道德品质和健全的人格，有利于小学生树立全局观、时代观，有利于小学生了解国情、世情，有利于小学生增强责任感与使命感。此外，学生在寻找、选择时事的过程中，还能够锻炼其搜集、辨别、整理信息的能力。而大多数的学校、家长却把实施教育仅仅停留在口头上，并没有重视起来。如果人们从小学阶段就只关注自己身边的事，而不关注外面的广阔世界，那么无论是在学生阶段还是将来步入社会，都将只是一个目光短浅、闭塞狭隘的人。当今，学生能够通过报纸、广播、电视、手机、网络等多种媒介了解时事，这些媒介为学生了解时事提供了方便。教师要鼓励学生去了解时事，可以引导学生去搜集、整理、理解时事，如在班级设立报刊角，订阅《时事画刊》这样的读物；在班级开展"我是新闻小主播"这样的汇报、展示活动；评选"最具价值新闻奖""最佳小主编"等，强化学生阅读时事的学习动机。

3. 与生活息息相关的内容

这里所说的"与学生生活息息相关的阅读内容"，一方面是指有利于学生解决日常生活问题的阅读内容，另一方面是指帮助学生掌握生活技能的阅读内容。

小学生的年龄较小，而且缺乏生活阅历，在日常生活中对于人际交往问题、个人情绪问题等处理起来很困难，而这些问题如果处理不当，对小学生的身心发展都会产生阻碍甚至扭曲的影响。另外，小学生解决问题的能力具有较强的可塑性。因此，恰当的引导对于他们解决冲突具有重要的积极意义。近年来，儿童的交际、情绪等问题受到社会的广泛关注，相应的读物如《快乐成长丛书》《小乌龟富兰克林系列故事》《小学生十万个怎样做》等如雨后春笋。教师应指导学生，尤其是出现问题却不愿与教师、家长沟通的学生，来阅读这样的阅读内容，让他们对照自己所遇到的问题，选择相应的阅读内容，从而帮助其解决日常生活遇到的问题。

童年期（6~12岁），也就是小学阶段，是勤奋与自卑的冲突阶段，在这一阶段中，儿童学习各种必要的谋生技能以及能使他们成为社会生产者所具备的专业技能。劳动教育能够使受教育者学会学习、学会生存。而受应试教育和家长溺爱的影响，大量的儿童对生活技能的掌握情况极差，不能满足其未来生活。在课外阅读方面，学生往往注重文化知识的学习，忽视生活技能的学习。其实，课外阅读对生活技能的学习具有重要的作用。而且劳动教育能够促进儿童左右脑的协调发展，为学生的智能发展提供坚实、广阔的基础。教师应引导学生通过课外阅读相关内容学习生活技能，并鼓励学生将阅读所学到的理论知识在实际生活中进行实践，实现劳动教育。

4. 有利于学生人格塑造的内容

从心理学的角度来理解，人格应是各种心理特征的总和，是一个人总的精神面貌的独特表现。小学是人生的起步阶段，也是健康人格形成的基础阶段，小学生正处于人格发展的形成期和塑造期。小学生健康人格的塑造对于学生个体发展、社会整体的发展都具有重要意义。小学的语文学科教育，因其学科的人文性属性，对于一个人的人格塑造，起着非常重要的作用。通过对语文的学习，尤其是阅读课外书籍，学生对自然与社会能够感受其真善美，能够辨别其假恶丑，从而实现自己健康人格的塑造。

教师需要指导学生选择能够对其人格塑造起到有益作用的课外阅读内容。例如学生阅读自然、科学读物或散文等，领略大自然的鬼斧神工，感受四季更迭、花鸟鱼虫、日月星辰的自然之美，从而产生对自然、环境的热爱以及保护之情，萌生对宇宙、自然的探索之情；学生阅读历史作品、人物传记等，了解朝代更替、兴衰荣辱、人情冷暖，点燃爱国报国之情、生发自强担责之志、懂得修身为人之道。

在最初阶段教师要帮助判断能力较弱、经验不足的小学生选择读物，之后由学生自己谈一谈阅读后的感受，长期锻炼之后，学生能够根据经验判断读物是否有利于他们的人格塑造。当然，文化对人的影响是潜移默化的，教师不必要求学生每阅读完一个材料后都要获得显性的感受，教师可以与家长配合设计一些问题来引导学生从中得到收获，对培养他们的自我意识、精神品质、行为习惯等有所借鉴。

5. 载体、门类多样化的内容

课外阅读不仅是用眼睛去看纸质书籍，在知识大爆炸、信息大发展、传媒大繁荣的时代知识载体的形式变得多元化，阅读的形式也多种多样，纸质书籍、电子书籍、有声读物、报纸、广播、电视、网络、手机、讲座等，都应是课外阅读获取知识、信息的形式，而且各种形式的阅读内容都有其独特的优势。如报纸上的信息较为即时，网络的信息更为广阔，有声读物可以在路上或是做其他事时收听。教师应指导学生选取其载体更适合自己的阅读内容，不仅可以满足不同时间、不同内容的阅读需要，还有利于培养学生利用多种媒介获取信息的能力。

读书如同饮食，不可偏食，学生不能仅仅凭借自己的喜好进行阅读，应多方面涉猎。对于小学生来说，他们正处于认知、情感和意志发展的重要时期，过于单一的课外阅读内容难以满足其全面、均衡发展的要求。社会科学类、自然科学类、艺术类等，这些方面的课外阅读内容对学生整体知识结构的建立、思维能力的发展、价值取向的形成，以及整体的身心发展能够起到不同的促进作用。当今社会价值观和科学体系的多元化，决定着学生要掌握的知识也应多元化，因此，教师应指导学生无论是人文科学类的课外阅读内容，还是自然科学类的课外阅读内容，都应广泛涉猎。

（二）阅读材料版本的选择

同一书籍因编辑、传抄、印刷、装订等不同而有不同的版本，书籍的各种版本主要是因为出版社出版情况的不同。所谓"出版"即社会上各种作品，包括文稿、图片、信息、音像、录像制品等原件，汇集到出版机构以后，经过审定、选择、编辑和加工，使用一定的物质载体，复制成各种形式的出版物，通过流通渠道传播到全社会。其中完成出版工作的主体就是出版社，不同的出版社，在审定、选择、编辑和加工的过程中会有所不同，因此，对于同样的出版对象，在删选、纸质、印刷、装帧、排版等方面都会有所不同。即使是同一出版社，对于同一出版对象也会有不同的版本。

教师应指导学生选择更适合自己的阅读材料的版本，其选择标准应有三条：一是适合学生的阅读情况，二是较为权威的出版社，三是较为权威的译者。

1. 适合学生的阅读情况

学生是阅读的主体，为提高阅读的有效性和高效性，应选择适合自己阅读能力、阅读喜好、阅读需要的版本。例如目前有众多出版社出版了《红楼梦》，有的是简装本，有的是精装本，有的是插图本，有的是注释本，还有甲戌本、庚辰本以及各种版本。对于年龄较低、阅读能力较差的学生，可以选择插图本、注音本；对于阅读能力较强但缺乏相关知识的学生，可以选择注释本；对于不仅要进行阅读，而且要进行收集的学生，可以选择精装本、线装本。总之，教师应指导学生选择适合他们阅读情况的版本进行阅读。

2. 较为权威的出版社

较为权威的出版社在编辑、校对、加工等一系列出版工作方面较为负责、严谨，能够保证出版物的质量。另外，许多出版社在一些领域有自己的特色、优势。例如中华书局、上海古籍出版社出版古籍类图书较为权威，世界图书出版社出版理工类的外文影印版专业书较为权威，上海译文出版社出版外文原著的译本较为权威，等等。而学生对出版社的情况了解较少，这就需要教师指导学生选择合适的出版社出版的读物。

3. 较为权威的译者

译者的翻译水平对读者阅读外国书籍的质量会有很重要的影响。一些翻译水平较差的译者翻译出来的文章经常不符合作者的原意，有时甚至出现语义不通的情况。即使是权威的译者，不同的出版社的译本也会有所不同，例如《源氏物语》不同翻译版本间会出现互补现象。所以在选择的时候，教师要指导学生选择一些权威的译者所翻译的版本。

三、指导学生养成良好的阅读习惯

（一）指导学生制订阅读计划

"凡事豫则立，不豫则废"，意思是无论做什么事，事先做好准备才能成功，否则就会失败。学生在进行课外阅读时应做好阅读计划，这样既有利于保证课外阅读的顺利开展，又有利于提高课外阅读的效率，还有利于培养学生良好的习惯。

1. 制订阅读计划的原则

首先，阅读计划应具有可实施性。教师在指导学生制订课外阅读计划时，要指导学生根据自己的实际需要、阅读能力、学习风格等因素，制订适合自己的阅读计划。计划中的任务量不宜过多或过少，计划中的项目应尽量详细具体，不宜过于宏观。

其次，阅读计划应具有灵活性。任何计划即便事先制订得再周密，在实际操作的过程中也会出现各种情况，在遇到阻碍时，应根据客观情况的变化及时机动地调整阅读计划，保证课外阅读的顺利进行。

此外，阅读计划还应具有反馈性。教师指导学生进行课外阅读，绝不仅仅是为了完成计划上的数量指标，而是应使学生真正地从课外阅读中无论是在知识方面还是在能力、精神方面有所收获。因此，在阅读计划中，要有反馈的部分，让学生、家长、教师对阅读活动的效果有所评价，这样既有利于保障课外阅读的效果，以免阅读计划成为一纸空文，也有利于学生及时调整自己的阅读计划。

2. 阅读计划的要素

阅读计划从时间上来说，可分为长期计划和短期计划，学生可以在教师的指导下，根据自己的实际情况，制订年计划、学期计划、月计划、周计划、日计划。从内容上来说，有阅读内容和方法的选择，有阅读进度和时间的安排，还应有对阅读情况的反馈等。在这里，推荐一种"课外阅读登记卡"，该登记卡包括阅读计划和情况反馈两个部分。阅读计划包括：学生姓名，计划周期（制订的是一个怎样时间段的阅读计划），阅读内容（根据学生的实际情况选取的阅读内容），计划进度（细化具体时间、阅读量的安排），计划方法（根据学生和阅读内容的实际情况）。反馈情况包括：主要内容（学生对阅读内容进行概括），主要收获（阅读后在知识、能力、精神等方面的收获），自我评价（在阅读周期内自己对阅读计划的完成情况进行评价），他人评价（由家人、同伴或教师对学生的阅读情况进行评价）。

（二）指导学生做读书笔记

无论是课内阅读还是课外阅读，做读书笔记都是一种重要的方法，也是培养学生良好的阅读习惯的重要方法。但是当前小学生做读书笔记的情况不容乐观，学生们普遍反映不愿意做读书笔记，认为做读书笔记并没有什么意义，而是一种负担，因此，产生了大量内容空洞、单一、应付了事的低质量读书笔记。实际上，读书笔记能很好地实现学生读与写两种能力训练的结合，能够巩固学生的阅读效果、锻炼写作能力；学生通过对阅读内容的思考，形成读书笔记，还能够锻炼学生的理解能力和鉴赏能力；另外，读书笔记能够为学生积累大量的语言和写作素材，能够提升学生的语文素养。因此，教师有效地指导学生做读书笔记尤为重要，对读书笔记的指导应重点进行研究和探索。

1. 强化学生做读书笔记的动机

（1）名人事例激励

要让学生愿意做读书笔记，首先要让学生认识到做读书笔记的积极意义。而小学生最初很难理性地意识到做读书笔记能给他们带来怎样的好处，以名人事例带给他们感性的认识是激发他们做读书笔记兴趣的一个很好的办法。

（2）教师榜样示范

无论教师教给学生怎样的做读书笔记的方法，教师率先垂范都是最有力的指导。教师首先要勤做读书笔记，将自己的读书笔记作为直观的例子展示给学生。教师的读书笔记要清楚、整洁，每种符号表示固定的意义。教师要同学生一起读书，一起交流、分享自己的读书笔记，让学生感到教师在和自己完成同一项工作，这对学生来说是一种莫大的激励。

（3）课内外交互评价

教师不仅要指导学生做读书笔记，还要经常进行检查、评价，培养学生形成做读书笔记的习惯。

在课内，教师可以开展读书笔记的展示活动、汇报活动、竞赛活动，营造班级内的读书氛围，对于学生精彩的读书笔记，教师要及时给予鼓励，强化学生的动机。学生之间也可以开展互评活动，相互学习，从内容、标题、排版等多方面取长补短，实现学生的合作学习。

在课外，教师可以与家长沟通合作，采取家长留言的方式，让家长在对学生的读书笔记阅读后，写一些评价、感受。教师在课堂上将家长的留言读给学生，让学生感受到自己用心书写的读书笔记得到了教师、家长的广泛关注，更有继续做读书笔记的动力。

2. 读书笔记形式多样化

传统的读书笔记有批注式、摘录式等，较为单一。其实，读书笔记这一传统的阅读方法也可以焕发新的生机，多种多样的读书笔记的形式更容易激发学生的兴趣，应让学生采用自己喜欢的形式来做读书笔记，充分发挥学生的主观能动性。

（1）批注式

批注式读书笔记较为传统，也较为随意，主要是通过做记号，画重点，写眉批、旁注和尾批等，使他们在阅读过程中对内容进行一定的思维加工，以提高学习的效果。做记号要注意记号的固定性，要用固定的符号表示固定的意思，例如用红色的问号表示自己不明白的地方，便于过后查阅资料或请教他人；用波浪线表示这些词句比较精彩，自己要仔细玩味然后进行积累。眉批、旁批、尾批主要是用来记录当时灵光一现所想到的感受或触发的灵感，文字应该精练。

（2）摘录式

摘录式读书笔记主要是让学生在阅读的过程中将自己遇到的好词佳句，或是触发自己思考的部分摘录下来，集中到一起。教师要指导学生准备专门的摘录本，根据不同的主题，分类汇总，并注明出处，以便查找原文。摘录不一定是摘抄，也可以通过剪报等方式直接粘到自己的摘录本；摘录的也不一定是文字，也可以将一些美图收入自己的摘录本。总之，摘录式读书笔记能够为学生积累大量的素材，长此以往，定会成为一座属于学生自己的宝库。

（3）表格式

表格式读书笔记就是用表格的形式让学生在预设的表格内，填写预设的项目。在教师的指导下，师生设计读书笔记的表格，学生在进行课外阅读时边阅读，边思考，边填写。

表格式的读书笔记可以根据情况设计很多种。表格式的读书笔记较为直观，能够让学生很清晰地整理出自己的阅读情况。

（4）绘本式

传统的观念认为读书笔记就仅仅是用文字进行书写，实则不然，采用绘画的形式也能够起到帮助学生充分理解和巩固阅读内容的作用。例如在学生阅读一本故事书时，教师可以指导学生选择自己印象最深刻的一个情节，用图画的方式表现出来，并配上一定的相关说明文字。也可以在学生读了一首古诗词之后，教师指导学生根据诗意，画一幅与诗中意境相符合的画。这样图文结合的绘本式读书笔记，能够使学生的具象思维和形象思维实现很好的结合训练。

（5）小报式

学生个人独立制作或多人合作制作小报，将课外阅读中精彩的部分汇编在小报上，配以适当的图画，合理地排版，图文并茂，制作精美。但制作过程较为复杂，比较费时费力。教师可以将学生制作的小报用于班级布置，或是合编成集发给学生做纪念，既可以用于展示，又可以用于评比，很容易调动学生的积极性，学生往往很愿意参加。

无论哪种形式的读书笔记，目的在于培养学生的阅读习惯，巩固学生的阅读效果，调动学生的阅读兴趣，所以，一定要让读书笔记真正起到作用，而不是仅仅流于形式。当学生掌握了做读书笔记的方法，形成做读书笔记的习惯之后，教师可不指定统一、固定的课外阅读内容，应充分发挥学生的自主性，让学生根据自己的兴趣和需要来选择课外阅读内容。随着学生自主学习能力的增强，读书笔记的形式也可以不统一规定，可由学生自由发挥，根据个人和阅读内容的实际情况选择适当的形式。

（三）鼓励读思结合

孔子云："学而不思则罔，思而不学则殆。"这是孔子所提倡的一种读书及学习的方法，意为一味地读书却不思考，就会因为不能深刻地理解书本的意义而不能合理有效利用书本的知识，甚至会陷入迷茫。而一味地空想下去却不去进行踏实的学习，最终会一无所获。

1. 例文示疑

在最初阶段，教师可以利用课内的文章进行示范。由教师提出思考的问题，教师设计的问题要有目的、有层次，难度适中，有助于学生对阅读内容的理解。在学生回答问题之后，教师要及时、适当地评价和指导，一方面引发并维持学生的学习动机，另一方面为学生展示自己的思考过程，作为示范。

2. 鼓励质疑

在第二阶段，教师要培养学生的问题意识。教师教给学生基本的思维原则和主要的思维方法，培养学生良好的思维品质，引发学生对思考的兴趣。教师可以展开思维训练，指导学生在进行课外阅读的过程中多问几个为什么，鼓励学生大胆地进行质疑，做到对作者的观点吸取而不盲从。

3. 指导解疑

在第三阶段，教师要鼓励学生提出自己的观点。在学生经过了"无疑"到

"有疑"的过程之后，教师要鼓励学生进行"解疑"。思考的意义不仅在于发现问题，更重要的是解决问题。教师要指导学生，结合自己的经验和态度，将所学知识应用于实际问题，形成自己的观点。

第二节　小学语文课外阅读课内化策略

一、小学语文课外阅读课内化的目标

（一）总目标

语文核心素养被界定为语言积累与规范、思维方法掌握与整合、审美体验与感知、文化认知与归属四个方面。

在课程标准和核心素养的指引下，结合一年级到六年级学生年龄特点、阅读水平等的不同，对课外阅读课内化的分段目标进行了目标叙写。

（二）分学段目标、课型

第一学段目标叙写：

学生通过自主阅读、师生共读、亲子共读、教师指导等方式能够喜欢阅读绘本、浅近的童话、寓言、故事、歌、儿童诗和古诗，爱护书籍，课外阅读总量不少于 5 万字。

第二学段目标叙写：

学生通过自主阅读、大声朗读等方式能掌握最基本的阅读方法，学会运用略读、精读等阅读方法进行阅读；学会做批注和写读书笔记等读书方法；学会收藏图书资料；在读书交流等活动中乐于跟同伴交流，课外阅读的总量不少于 40 万字。

第三学段目标叙写：

学生通过习得的阅读方法能在阅读中独立思考；通过教师引导、自主阅读、自我体会等方式学会运用高阶阅读思维进行阅读和思考；学会初步鉴赏经典作品、扩展阅读量，丰富知识储备，提升阅读能力，这一学段学生的课外阅读总量不少于 100 万字。

二、小学语文课外阅读课内化的内容

合适的教学内容是确保课外阅读课内化有效实施的关键，关于课外阅读课内化的内容主要从教学内容的确定和活动内容的选择两方面考虑。

（一）教学内容的选择

1. 阅读书目的确定

朱光潜认为世界上的书是读不完的，阅读的书目必须谨慎选择，因为多读一本无意义的书，就浪费了读一本好书的时间。小学生年龄小，心智不够成熟，在书目选择上比较依赖师长，所以课外阅读课内化时书目的选择很重要，想要给学生真正的阅读素养，就必须从阅读经典开始，这样，学生的阅读品位才会逐渐提升。

根据学生的年龄特点和书目的性质，课外阅读课内化的阅读书目的选择要遵循层次性、经典性、文体性、开放性的原则。

（1）层次性

小学生在一到六年级的心理特点、认知特点和阅读水平跨度很大，所以，阅读书目的选择一定要有层次性，充分考虑学生的年龄、认知、阅读水平等方面的特点，不能推荐超出学生阅读能力范围的书目，比如，一年级学生的思维处于具体形象思维阶段，一半文字一半图画的绘本恰好适合一年级学生阅读，所以在一年级，可以推荐《鸭子骑车记》《我爸爸》《蚯蚓的日记》之类的绘本；而六年级的小学生，抽象思维水平大幅度提升，完全可以尝试阅读原版《西游记》之类的经典名著。

（2）经典性

书海无涯，怎样让小学生在有限的六年时间里接触到人类最优秀的文化，读经典是最好的选择。经典不仅仅是读一遍，而是需要反复读且需要教师点拨指导的，这样的经典经过时间的荡涤后，依然会常读常新。

（3）文体性

因为小学生面对的课外阅读中的作品大部分都是文学作品，既然是文学作品，就要考虑其作品的文体性。小学生在小学阶段的课文学习中，几乎接触了所有的文体，比如记叙文、诗歌、小说、戏剧等，在推荐书目中必须将文体意识考虑进去，让学生在阅读时不至于"偏食"，能体会到各种文体的特点，保证阅读中的"营养丰富"。

（4）开放性

虽为小学语文课外阅读，但并不是单纯地将文学经典纳入课外阅读课内化的书目，而是需要包罗万象，将科学、社会、艺术、哲学、历史等各种类型的书目，全部纳入其中，让学生汲取更加全面的课外阅读"营养"，健康成长。

2. 问题的选择

课外阅读中整本书的阅读、群文阅读中引入的群文阅读资料有很多，不可能像教材中的课文一样，每一个句子的讲解、每一个知识点的渗透面面俱到，需要教师从中筛选出最有价值的教学内容，以点带面，触类旁通。比如一年级的阅读书目中有《鸭子骑车记》，教师在选择教学内容时，可以抓住一个思维含量高的问题——对待鸭子骑车这件事，其他动物都是怎么想的？这样，学生每阅读到一种动物，就会想一想这个问题，最后便会萌生大胆尝试的勇气。童年就该这样，只要你敢于尝试，就会看到沿路不同的风景。

（二）活动内容的选择

活动教学也是课外阅读课内化的一个重要方面，在设计活动内容时要从学情出发，根据小学生的年龄特点进行设计，这样，学生的阅读不再是单纯的阅读活动，阅读所能带动的所有感官在活动中都被调动起来，学生才会愿意参与其中。

一年级小学生喜欢绘画，会写的字也有限，但他们可以用拼音和绘画的形式来表达看完一本绘本后的感受，所以在阅读完绘本后，可以用"我手绘我心"记录下自己的感受。

二年级的小学生在一年级阅读了大量的绘本，绘本的篇幅不长，内容吸引人，而且蕴含了深刻的道理，所以，可以试着让学生讲故事给别人听，这也是二年级的小学生所喜欢的。讲故事的方式不仅锻炼了学生的记忆力、语言表达能力，而且提升了他们的语言组织能力，增强了他们思维的条理性和逻辑性。

课本剧这一独特的教学方式近年来渐渐走入我们的视野，三年级的小学生阅读了大量的故事和童话，通过课本剧的表演，不仅可以表达和深化他们对书本内容的了解，还可以创造性地改编故事情节，抒发自己独特的感悟。学生在课本剧的表演中，情绪是积极的、高昂的、欢快的，学习对他们来说，是快乐的、富于创造的，而且在表演的过程中，锻炼的是学生多方面的能力，综合素质能得到很大的提高。

课外阅读课内化就是要让学生在课内化指导的过程中接触更多的文体，在阅读中要有文体意识，经历了一年级的读写绘、二年级的童话故事、三年级的戏剧，四年级就可以尝试阅读浅显的儿童诗，比如中国儿童诗作家金波、张秋生、鲁冰等的作品就很适合学生去朗读，渐渐地可以引入一些经典诗歌，比如冰心的《纸船》、舒婷的《祖国啊，我亲爱的祖国》等经典诗歌。

五六年级的学生，阅读量够大，表达能力也很强，所以朗读、演讲能力的训练，注重思辨能力训练的辩论赛等都可以纳入课堂，让学生在丰富多彩的活动中，快乐学习、快乐成长！

三、小学语文课外阅读课内化的实施策略

（一）课外阅读课内化实施前

1. 制订阅读计划

师生共读，就要先制订班级的阅读计划，根据班级阅读计划，学生再根据自己的阅读情况制订个人阅读计划，两种计划双管齐下，才能保证课外阅读课内化的顺利实施。

2. 课时处理

课外阅读课内化，并不是说所有的课外阅读挤占国家课程的实施时间，仍然是教材为主、阅读为辅。在课程改革的影响下，全国各地学校都在进行不同程度的改革，课改的核心就是要压缩精讲课文的时间，剔除无谓的"肢解式"阅读或者过分细致的抠词抠句分析，破坏了学生的"胃口"，也浪费了教学时间，语文教学一定要摆脱单纯的知识点的教学，那是"寸光"之见，要从知识点走向知识团，从零碎走向整合，语文教学才不会支离破碎，才会走向有语文架构的大语

文。所以，在新课程理念的指引下，压缩出来的时间可以用来指导课外阅读。一般情况下，一周或两周拿出一节课来进行阅读课的指导是完全可以的，并不影响课内教学的进度。

（二）课外阅读课内化实施中

1. 低学段（1~2年级）绘本指导课

课外阅读课内化的实施，必须考虑学段特点，低学段（1~2年级）的学生以绘本阅读为主，课型主要是绘本阅读指导课，课中最重要的指导就是通过猜测的阅读策略，引发学生对故事的想象和思考。

2. 中高学段（3~6年级）阅读指导课

中高学段课外阅读课内化的实施主要通过读前导读激趣、读中推进交流、读后展示分享这三种方式实现课外阅读课内化的教学目标。

（1）读前导读课

导读课以激发学生兴趣为主要目的。导读课的重点应该放在"导"上，如何从"导"上下功夫，才是正确的研究思路。因为导读课主要是在阅读前学生还不了解一本书时的指导，通过指导，让学生在课外有兴趣将这本书继续读下去。留心观察，我们就会发现，那些成功教师的教育方法各不相同，而引起学生的学习兴趣则是他们的共同"法宝"，可以说没有兴趣就没有学习。所以，指导的重点应该放在趣味性、引领性、开放性上。

（2）读中推进课

学生的阅读兴趣在导读上被激发后，仍需要教师进一步进行阅读方法的指导和策略的引领，经过两三周的阅读，学生在阅读过程中肯定会遇到一些问题，这些问题就需要一节读中推进课交流来释疑。读中推进课主要是针对学生的疑问来答疑，并在答疑过程中进行阅读策略的渗透，这就涉及中高学段不同阅读策略的渗透。

中学段（3~4年级）的学生刚开始接触全部是文字的书籍，甚至大部分书籍开始没有注音，也就是说这些学生刚开始进行真正意义上的阅读，教师的阅读指导就应该定位在基本阅读策略的指导上，而高学段就是高阶阅读策略的指导。

下面就中学段的基础阅读策略指导和高学段的高阶阅读策略指导分别叙述。

中学段主要是针对基础阅读策略的指导，渗透基础的阅读方法。泛读、略读、速读，这三种阅读方法，可以概括为信息式阅读法。信息式阅读法速度较快，能在较短的时间内捕捉到对自己有用的信息，我们在读报刊或者查找资料时会经常遇到。这种阅读方法往往是一目十行地快速浏览。泛读的目的性不强，多属于泛泛而读。略读则是选择重点和要点式的概要式阅读；速读则是需要在阅读过程中从头到尾快速获取有用信息的一种阅读方法。这些阅读方法多用于学生选择书目或者阅读说明书及报刊等。

而朗读、默读、精读、品读属于阅读文学作品时用到的一种阅读法，文学作品往往都是文质兼美的文字，适合慢慢品味。比如学生在遇到极其优美的句段时，可以采用大声朗读的方式；而学生在阅读书籍时用得最多的应该是默读，这就需要教师在课堂上教给学生自主阅读的能力，学生在学会了基本的阅读方法后，默读是用得最多的阅读方式，默读的速度需要根据作品的内容和读者的需求来定，需要精读时，可以慢慢读，需要浏览时，就可以快速读。这些阅读方法在读书推进的课堂上时有讲到，学生掌握了这么多阅读方法，课外阅读中就会更加游刃有余。

学生进入高学段（5~6年级）后，已经有了一定阅读基础，也有了一定的阅读量，知晓基本的阅读方法，这个学段的阅读指导就应该放在高阶思维的培养上。高阶思维，是指学生在阅读时心智活动和认知能力都处于较高的认知水平上，高阶思维的培养，可以很好地提升学生的创新能力、批判性思维能力。"整合资讯"策略是发展高阶思维的一种很重要的方式，整合资讯就是将分散的信息整合为系统化的知识，比如学生在阅读《红楼梦》时读到各种人物，这时，教师就可以在读中推进课上引导学生利用思维导图的方式将书目的时间、地点、人物整合起来，这样一来，学生的头脑中就绘制了一张思维"地图"，再读《红楼梦》，思路和脉络就更清晰了。

另外，高学段，"自我监控"阅读策略也很重要，这是阅读中综合调控能力的使用。自我监控是指对自我阅读的管理。阅读策略如下，一是重读：对文中关键内容或不理解的内容，多读几遍，以提升理解。也正体现了"书读百遍，其义自见"。二是调整阅读速度：依据阅读内容的理解情况，有时读得快，有时细细读。三是选择性阅读：选择需要知道的内容阅读，节省阅读时间。四是联系上下文阅读：利用文本内容信息，推断理解。五是反复推敲：遇到理解的困境，反复思考，寻求理解。

学生头脑中阅读策略的建构就是在低段绘本指导课中通过猜测阅读策略起步，中段读中推进课基础阅读策略中开始发展，高段读中推进课中高阶思维得到提升，学生在学习中，阅读架构的建立呈现出螺旋上升的态势，这符合循序渐进的思维发展规律。

（3）读后展示课

学生在阅读过程中经历了跟文本、作者对话的过程，这个过程中一定会产生对书中的内容、人物、观点等的思考，这些思考或者以阅读记录卡、手抄报的形式呈现出来，或者以朗诵、诵读比赛或者竞赛的形式呈现出来，通过展示和分享，不仅丰富了自己的感受，而且促进了交流，拓展了思路和视野。学生在读后的展示课上进行展示的形式主要有以下三种：

①以读的形式进行的展示

阅读过程中遇到精彩段落，可以通过朗读的方式进行赏析阅读；比如《城南旧事》中学骆驼咀嚼的那段描写，将孩子好奇的表情、天真的神态表露无遗，完全可以作为经典片段在展示课上进行朗读展示。

诵读比赛也是展示课上经常用到的形式，比如在阅读完《中国有个毛泽东》后，可以设计诵读毛主席诗词的比赛；阅读过程中的收获也可以通过阅读读书心得或者演讲的方式呈现。

②以演的形式进行的展示

表演是学生最喜欢的形式，尤其是低学段的学生，比如在读完绘本《小猪变形记》后，可在教师和家长的帮助下，学生进行《小猪变形记》的演出。再如，在阅读完《安徒生童话》后，可以进行《丑小鸭》的课本剧表演等。

③以写的形式进行的展示

阅读是为了更好地写作做准备的，所以，在阅读完好的句段或文章后，可以某个句式为切入点进行写的展示。比如，读书心得展示，就是把自己阅读过后的感受或者收获写下来，先在小组内交流，再进行全班交流；再如，读书报告展示，即是把自己在阅读过程中遇到的有意义的事情、有用的知识等都可以写出来，跟大家做汇报交流；读书推荐卡，可以把自己喜欢的书目用读书推荐卡的形式分享出来，可以从作者、作品的主要内容、主人公及表达的情感或者创作方法等方面来设计。

四、小学语文课外阅读课内化的评价

课外阅读课内化目标是激发学生对阅读的兴趣，帮助学生学会正确的阅读方式，从而形成正确的阅读习惯，提升学生阅读水平，如果仅仅是简单的任务布置而没有评价与反馈，那么在繁重的课业负担下，学生的课外阅读只能被架空，所以适当的评价是非常重要的。合理的评价方式应该是过程性评价和终结性评价相结合的。

（一）过程性评价

过程性评价是一个对阅读过程的价值进行建构的过程，在阅读过程中完成；过程性评价强调学生适当的主体参与，是一个促进学习者发展的过程。可见，过程性评价并不是一次评价就可以完成的，而且各学段之间学生的年龄特点差距很大，所以教师在评价时务必注意学段差异，区别评价。低学段可以通过"我是故事大王""阅读银行"等方式来评价，高学段可以通过开展形式多样的演讲比赛、诵读大赛或者读书报告会等活动掌握学生的阅读动态及阅读习惯。在这些活动中，教师可以从不同的角度来评价学生的阅读水平。在必要的时候，教师还可以通过设计问卷调查、学生访谈等方式，对阅读过程进行诊断与反馈，促进课外阅读课内化的发展。

（二）终结性评价

终结性评价指的是在学生阅读完一本书或者进行完一次活动后对最终效果进行的一次测评，这样的评价方式可以调动学生阅读的兴趣，尤其是阅读过程中细致的思考。

比如在进行完课外阅读课内化完整的教学路径后，可以对书目进行一个终结性评价，评价可以是闭合式的题目测试，也可以是开放式的题目测试。

第三节 小学语文课外阅读评价体系

一、课外阅读多元评价体系构建

（一）小学语文课外阅读的评价标准

课外阅读评价标准是评价主体对学生进行判断的依据和准则。所以，确定科学合理的评价标准是实施课外阅读活动的关键。能够更加全面地去衡量学生，在课外阅读活动中，评价标准也应该是多层次的，因为学生的阅读兴趣、阅读基础和阅读效果不同，而家长对学生课外阅读的重视程度也不同。因此，评价要尊重学生的个体差异，如果学生的阅读兴趣较强、阅读能力突出、阅读效果较好，那么，评价主体对其的评价要求也应该更高；而如果学生存在阅读困难，就应减少评价内容和评价的次数，随着学生课外阅读的不断进步而逐步提高评价要求，那么既可以让被评者品尝成功的喜悦，也有助于评价下一个目标的实现。此外，由于课外阅读存在开放性的特点，而阅读者在阅读时加入了自己的主观意志，因此，很难对其进行细枝末节的评价，只能选择模糊评价。课外阅读评价只要能够激发学生阅读的主动性和独立性，就已经达到了评价的目的。因此，个人可尝试设计课外阅读评价表，评价表主要以课外阅读总目标为一级指标，以阅读态度、阅读习惯、阅读方法、阅读能力、读物类型和阅读量为二级指标，将阅读各学段目标增删并细化为三级评价指标。评价指标的设计围绕阅读各级目标展开，内容具有针对性和阶段性。评价表主要采用等级制量化评价的方式，将分项评价和综合评价相结合。

（二）小学语文课外阅读的评价主体

在评价中应该允许和鼓励教师、学生本人、同学、学生家长、社会等参与到评价中来，将评价变为多主体共同参与和交流的活动。其实，在 20 世纪 70 年代，美国评价学者派特（M. Q. Patton）就提出了"多元主体参与"的概念。派特认为，与活动有关的所有人员都应该参与到评价中来，搜集他们提出的意见和建议，然后将评价结果反馈给他们，并更好地满足使用者的需求。而在传统的小学语文课外阅读评价中，评价的主体以教师和学生为主，而教师更是占据主导地位，学生在评价过程中往往处于被动地位。

评价要理解和尊重学生的自我评价与相互评价。要尊重学生的个体差异，有利于每个学生的健康发展。根据需要，可让学生家长、社区、专业人员等适当参与评价活动，争取社会对学生语文学习的更多关注和支持。因此，小学语文课外阅读的评价主体至少应该包括教师、学生本人、同学、学生家长这四个要素。

1. 教师评价

在课外阅读的评价实践中，教师对学生的评价占了较大的比例，在推荐课外阅读内容、明确阅读的时间和数量、授予阅读的方法、关注阅读的进度、确定阅读的评价方式等方面都有教师的参与，所以教师应该充分发挥主导作用，及时了解学生的阅读情况，积极开展读书活动，分享读书心得和交流不同的观点，并且要根据学生的阅读情况，坚持给每个同学写评语。比如：对爱看书的同学不吝赞美之语，教育阅读偏食的同学要扩展阅读范围，对一些平时不爱看书的同学，哪怕是只有一丝的闪光点也要大加赞扬，鼓励其看书。教师要持续对学生的课外阅读做出形成性的评价，激发其思考，促使其精神成长，并结合终结性评价，以取得评价的实效性。

2. 学生自评

学生的自我评价是指学生对学习过程中的学习态度、计划、方法、习惯、技能等进行自我评价。学生是课外阅读评价的主体，任何评价要想达到预期的目的，就应该有被评价者的参与。建构主义评价观提出，评价是教学设计中很重要的一部分，它应该与教学过程紧密相连，它应该成为学生学习的一部分。既然学习者会积极主动地建构自己的学习过程，那么学习者对于学习结果也应该积极主动地进行评价。因此，对于课外阅读而言，只有把学生纳入评价的体系中来，让学生了解评价的标准，参与评价的过程，学生才能认识到自己在课外阅读中的长处和不足，以及可以改进的地方，也可以提高其反思能力。并且可以激励其阅读的动机，变"要我阅读"为"我要阅读"。而学生自我评价的过程就是不断地自我表现完善的过程。对于学生的课外阅读，可以采用学生课外阅读自我评价表的方法，进行自我评价。

3. 同学互评

学生阅读的学习不仅需要教师的指导和帮助，同时也需要同学的鼓励和启发。"独学而无友，则孤陋而寡闻"，说的就是同学之间需要互相学习、互相交流。在课外阅读评价中也是如此，在日常课外阅读活动中，可采取多种评价的组合形式，如同桌互评、学习小组评价、全班互评等，组织学生进行阅读互评，以互评促互动，以互动促"双赢"。这样不仅可以调动学生对阅读的积极性，丰富学生的阅读生活，而且评价结果易于被接受，有利于学生相互学习、共同提高。在班级中，可以设计同伴评价记录卡，让学生可以清楚地知道，哪些方面做得好，哪些方面还有待改进。

4. 家长评价

家长在课外阅读的评价中也起着非常重要的作用，学生课外阅读的主要时间是在课堂之外的，而学生在家里的阅读时间则占据很大的比例，因此，家长和孩子应该共同加入整个评价活动中。让家长能有效地监督孩子进行课外阅读。家长要根据学生在家课外阅读的时间、阅读态度等方面进行评价，并且教师要重视学生家长的评价意见，把家长评价作为教师评价学生课外阅读的重要依据。而且家长的评价能够让孩子感受到父母对课外阅读的热切关注，能够点燃孩子努力读书的欲望，同时增进了父母与孩子的沟通交流，让孩子充分地体验到阅读成长的快乐。因此，家长应该成为学生课外阅读的关注者和知情者。家长参与评价活动，可以使对学生的评价更加全面、客观和真实，可以及时对学生在课外阅读中存在的问题进行查漏补缺，有助于使学生形成良好的阅读习惯。而对于学生的阅读情况，则可以选择《课外阅读考查表》等方式记录下来。

此外，还可以充分发挥资源优势，因地制宜，因时制宜，在社会中寻找有利于课外阅读的资源；同时，也可以让社会参与到评价中来，因为评价不仅是社会的责任，更是学生发展的需要，而评价主体的多元化也是评价改革的重点和方向。最大限度地调动评价主体的积极性和主动性，发挥群体优势，评价才能真正地逐步走向科学化、合理化，才能发挥其真正的价值。

（三）小学语文课外阅读评价的内容

1. 课外阅读读物的评价

小学生在选择课外阅读时会比较盲目和随意，这是因为他们不仅受到周围环境的影响，同时也受到年龄、兴趣爱好和识字量等方面的限制。从有意义接受学习理论中，我们可以知道，有意义接受性的学习是要以学生学习的需要、发展的需要来体现实施的"意义"。因此，在课外阅读活动中，教师在选择课外阅读材料时要非常谨慎小心，要选择有益的课外读物，最好是能够选择难度适中、学生易于接受的阅读材料，这样既符合小学生的阅读实际水平，也符合其年龄特征。课外阅读的材料在整体的安排上要做到从简单到复杂、从容易到困难，梯度分明，并且要符合各阶段学生的认知结构。对低年级的学生可以选择一些文学作品的简写本或其他一些简易读物，如绘本、童话、寓言等，而对高段的学生则可以选择体裁多样、题材丰富的课外读物，这样不仅有助于拓展学生的知识结构，而且对激发学生的阅读动力会有帮助，还可以加强学生适应各种阅读材料的能力。

老师在推荐读物时要善于抓住时机。比如：发现学生收集的儿童报上或者杂志上有兔子的卡通画，可以推荐学生去看有关兔子的作品，如《猜猜我有多爱你》《逃家小兔》等。也可以由课内作品向课外读物延伸，适时向学生推荐与课内相关的优秀读物，如苏教版小学语文六年级下册有一篇文章是《三打白骨精》，是《西游记》里的一个小故事，教师就可以请学生先说说《西游记》这本书，然后引导学生去看普及本。也可以向学生推荐与课文主题类似的读物，或同一作者的一系列读物等。也可以直接先根据小学生的兴趣爱好、年龄阶段特征、认知水平和阅读实际来确定每一年级的课外阅读推荐书目，然后以多种方式推荐给学生或家长，比如：在每学期初召开家长会的时候，教师就可以把这学期的阅读计划和课外书目告诉家长，请家长与教师配合，完成阅读计划；还可以把阅读地图推荐给学生等。

因此，将课外阅读的内容作为课外阅读评价的要求之一，可以引导学生选择适合自己的课外读物，让学生的课外阅读更有方向性。清华附小每年都会制定各年级学生的课外阅读书目推荐，云南省的小学也根据学生的实际情况来制定适合本校学生的课外阅读书目。

2. 课外阅读数量和读速的评价

每个人科学文化知识的掌握、价值观的树立、视野的开阔等都是离不开课外阅读的，因为只有通过大量阅读，才可以让你站在巨人的肩膀上看得更远更深，提升你的层次。只有通过多读书，学生才可以将课内学习到的方法迁移到课外阅读中，更好地去阅读和理解其他文章。而只有当一个人真正在阅读时，才能与书中的人物进行对话，情感产生共鸣，引发其情感敏感区，才能最大限度地从书中获益。同时，也要注重学生阅读的数量，因为要形成良好的语感和丰富的言语积累，只有靠大量阅读。只有既注重阅读质量，又重视阅读数量，才能真正为学生的终身发展打下深厚的文化基础。

关于课外阅读的数量，《语文课程标准》在小学的阅读部分对课外阅读的字数总量做出了明确规定：整个小学阶段，学生课外阅读总量不少于 145 万字。按照课程标准的要求，小学阶段要实现 145 万字以上的阅读量目标，并非易事。从一年级到六年级的学习任务日益加重，课外阅读的时间越来越少，如果课外阅读的阅读量过大，则会成为学生的负担，不利于小学生的健康成长。但如果阅读量不足，就没办法达到预期的效果。小学生的在校时间虽然不是很长，但放学后的家庭作业就比较多，学生在图书馆、阅览室里自由、广泛阅读的机会比较少，因此，学生的课外阅读数量应该作为课外阅读评价的基础。如果连阅读量都不能得到保证，就更谈不上课外阅读的效果。

课外阅读评价内容还有一个重要的指标，那就是读速的测量。学生阅读速度，不仅随着他的生理和心智的发展水平的提高而提高，更重要的是与他的阅读量息息相关，阅读量越多，他的读速也就越快。小学低段的学生，他们的阅读速度比较慢很大程度上是受到识字量的限制，而到了第二学段之后，随着识字量和阅读量的增加，阅读速度将会进入一个飞速发展的时期，在这之后，读速的发展会进入一个高原期，即在阅读读速形成的后期，常常出现进步缓慢或者不再继续上升而保持在一定水平，有时甚至稍有下降的现象。但随着学生坚持不断地阅读，阅读量的不断提高，读速又会开始逐步上升。因此，阅读速度也是衡量小学生阅读能力发展的重要指标，同时也是课外阅读评价的重要内容。

3. 课外阅读习惯的评价

教育就是要养成良好的习惯，而从小学老师到大学教授，他们的任务就是帮助学生养成良好的习惯，帮助学生养成政治方面、文化科学方面的良好习惯。学生拥有良好的阅读习惯能够使课外阅读事半功倍，但是由于课外阅读的场所主要是在学校之外，学生在阅读时间、阅读的态度等方面比较随性，所以，可以把阅读习惯纳入考核中来促使学生良好课外阅读习惯的养成。而对学生课外阅读习惯的具体要求主要包含以下四方面。

（1）学生自觉读书的习惯

学生自觉读书的习惯就是要让学生把读书当作日常生活的一部分，每天坚持读书。因此，对于学生自觉读书习惯的评价就应当包含以下两方面：一方面是在刚开始的时候，学生应该把自觉阅读当作老师布置的作业一样认真完成，每个学生每天都必须完成一定的阅读量或者完成规定阅读的时间量。如：利用课间的时间进行阅读，中午吃完饭的时候，在家里写完作业的时候……任何有空的时间都可以进行阅读，学生每天坚持读一点点，时间长了就会变成一种习惯。另一方面是老师或家长要和孩子共同进行阅读。如：老师可以早于孩子到教室，和孩子们一起阅读，在家里的时候，家长和学生一起阅读，低年级的孩子识字量少，因此，遇到不认识的字词，家长可以帮助孩子理解，或者借助词典等工具书进行查阅，逐渐形成在家庭中自觉读书的习惯。对学生这方面的评价，家长和老师可以共同检查和记录，记录学生每天读书的时间。自觉读书的习惯贵在坚持，因此，教师和家长要考虑到孩子的兴趣点和个性，因势利导，循序渐进。

（2）读书动笔的习惯

教育家徐特立先生曾说："不动笔墨不读书。"从这句话中我们可以看出读书时动笔的重要性。阅读时要边思考边动笔，遇到不懂的字词或是特别之处，可以进行勾画或者写上批注，这样能够有助于深入理解文章；遇到好词佳句，也可以进行摘录或背诵，这样不仅可以丰富积累，还可以培养语感。对于阅读比较好的学生，还可以及时记下心得体会。教师可以定期检查学生的读书动笔情况，针对不同学生的不同情况，提出相关的意见，使学生可以不断地进步。

（3）边读书边思考的习惯

阅读是一项十分复杂的心智活动过程，孔子说："学而不思则罔，思而不学则殆。"可见读书思考的重要性。从本质上来看，学生的阅读活动就是思维活动。边读边思考，能够跟随作者走进文本，能够使学生在阅读中拥有主动权，读得自觉且深入，读出自己的理解，读出自己的感悟，那样阅读就会有更大的收获。对于学生的思考过程不太容易考查，但可以根据学生的阅读记录卡和阅读笔记等资料运用内容分析法来考查他是否有边读书边思考的习惯。

（4）使用工具书阅读的习惯

学生使用工具书阅读的习惯实际上就是学生遇到困难时自己独立解决，不依赖其他人的良好习惯，而且正确地使用工具书也是学生阅读能力的一种体现。学生在看书或学习时，难免会遇到生字、生词，有些同学没有查阅工具书的习惯，当遇到不认识的字词时，要不就寻求别人的帮助，要不就置之不理，长此以往，势必会影响学生的阅读质量。而且在日后，若是遇到同样的字词，便又会茫然不知所措了。所以，学生从入学开始，老师和家长就应该逐渐培养他们利用工具书进行阅读的习惯。而当小学生将汉语拼音学完之后，语文教师就应该在适当的时机对如何使用工具书进行指导，多创造一些机会让学生感受到带工具书阅读的好处。这种习惯一旦养成，学生就会主动地利用手中的工具书解决阅读中遇到的困难，这样会使学生有一定的成就感，而且也能够提高学生阅读的动力。而对于学生使用工具书阅读习惯的考查，可以看他书中的标注情况、对词句的理解情况等。

4. 课外阅读时间的评价

课外阅读评价是以充足的时间保证为基础的，只有课外阅读的时间得到充分的保证之后，后续的评价才有可能实现。课外阅读评价应该和课外阅读活动同时进行，而学生在执行课外阅读任务之前就需要制订合理且具有操作性的课外阅读计划，不可以三天打鱼，两天晒网，每天不一定要读很多页，但一定要坚持天天都读书，最好依据自己的时间制作一份课外阅读的时间表，这样慢慢就养成读书的习惯。教师和家长也应引导学生利用空余的时间坚持不懈地阅读。虽然课外阅读的时间不固定，但是每天要抽出一定的时间来阅读。所以，笔者结合了《语文课程标准》、学生的学习特点和小学语文的教学实际，分三个学段界定了课外阅读的时间量。而且，由于小学生的自控能力相对比较弱，如果有一个时间量的规定，那么对于学生而言，就会产生一种无形的约束，能够使他们更加自觉地开展与文本的对话。

5. 课外阅读能力的评价

阅读能力主要是指阅读一篇文章所应该具备的本领，它包括以下几方面的内容：认识文章的文体、表现手法和立意结构，理解所读文章的重点词句和作者含蓄的言外之意，把握文章的思想内容和观点表达，以及在进行阅读时必需的正常动机、兴趣、情感和个性。而小学生的课外阅读能力分为三个层次，即知识性阅读能力、理解性阅读能力和探索性阅读能力。学生就是需要根据不同的阅读目的来选择多种阅读材料，探索文本内容且对其进行分析和判断，提出自己的困惑，选择自己需要的信息来解决问题。

部分小学生的阅读量较大且阅读的范围也较广，但对文本的欣赏能力却非常有限。有些学生虽然对课外书的解读有自己独特的理解，但往往在分析和总结方面不能把握文章的要点，对文章的理解有所偏差。而且小学生的理性思维有所欠缺，对阅读的迁移和应用能力非常弱。同时，很多学生在阅读时没有做笔记的习惯，即使有些孩子偶尔做了笔记，也仅限于好词好句的摘录，而在理解、感悟方面的笔记习惯远远没有养成。但是，会读书却是学生终身发展所必备的技能，因此，小学生如果想要在阅读水平和语文学习上有所突破，关键就是要提高自己的阅读能力。因此，评价学生的课外阅读的能力就显得尤为重要。在学校中，很多语文老师都会采取测验的方式来检查学生的阅读能力，从他们的答题情况来确定阅读能力的高低，从而对学生的阅读能力进行评价。但是，教师在编制试卷时，应该注意学生的阅读能力的差异，既要能够使阅读能力弱的学生获得一定程度上的满足感，也要让阅读能力强的学生在原有基础上有所发展，要兼顾到不同层次上的学生，这样才能在课外阅读评价中有的放矢，有效提高学生的阅读能力。

二、建立小学语文课外阅读评价的保障机制

（一）制定小学语文课外阅读评价的相关制度

制度是一种规范，小学生的课外阅读评价也是需要规范的。领导者要进行系统的管理才能保证相关措施能够有效地执行下去，教育者要认真负责地进行教育工作，受教育者要努力学习，将这三者有效地结合在一起才能创造和谐的教育局面。因此，建立课外阅读评价的规章制度，应该明确评价的主体、对象、过程、

内容、方法等，这样可以使评价良性地运行。要实现课外阅读评价的规范化，还需要明确各部门人员的职责，使他们能够相互协调、合作进行。并且，学校也要根据办学理念、自己学校的具体特点和相关条件，来对课外阅读评价进行价值判断并提供相关反馈。而"课外阅读校本评价"是一种典型的评价方式，它具有自主性和创造性，是教育者具有高度自觉性的一种科学管理行为，它既不是纯粹的自我评价，也不是外部评价的对立面，它具备了形成性和终结性评价的优势，而它的主要目的就是能够对学生的课外阅读有所促进。

要展开课外阅读的校本评价，学校要采用点面结合的学校、班级两级评价制度。校级评价的重点是制定每一年级的课外阅读推荐书目、组织全校性的课外阅读评价方式。教务处作为学校主要的教学管理部门，它应该为课外阅读评价提供建议和指导，比如：安排有关课外阅读评价的讲座，确定评价的时间，在评价实施过程中，帮助解决一些困难和问题等。学校也可以安排评价小组来检查课外阅读评价执行的具体情况，但是评价小组里面的成员应该具有丰富的理论和实践经验，有高度的责任感和较强的判断能力，要对评价的内涵、方法、标准和评价要求等有一个共同的认识，而在制定课外阅读评价指标的时候，要依据调查所得资料，结合评价理论和教学实际，进行分析判断并得出结论。要保证课外阅读评价的信度和效度，那么评价小组的工作必须客观细致。而语文老师则应该根据学校的要求，结合本班学生的具体情况，将课外阅读评价真正落到实处。这种点面结合的方式，有利于调动教师和学生开展课外阅读评价活动的积极性。

学校应该重视课外阅读评价工作，并把这项工作摆上议事日程；而且要利用校园广播、校报校刊等进行宣传，引起老师和学生的重视。评价工作要注重实效，严防形式主义。还可以将课外阅读评价列入日常的工作计划和安排中，并纳入考核，并制定有效的考评措施来保证评价工作的切实落实，改进和创新课外阅读评价活动的各个方面，确保课外阅读活动能够持续进行。

（二）开展小学语文课外阅读评价的培训

教师的培训应将着力点放在以学校为基地、以教师为主体、以需求为动力、以实践为载体、以专业发展为主旨的教师自主发展意识和自主发展能力上。因此，教师的培训应以教师的需求和自我发展为依据，在学校层面上保证教师培训的持续开展。很多教师是在教学实践中发现自身某方面能力有所欠缺，想要通过培训来提高自己的教学能力，因此，在组织教师培训时，培训的内容要有针对性，要切合教师的需求。而且，培训教师要将学员的需要和自己的知识、经验等紧密结合。不仅满足了学员对于课外阅读评价知识的需求，同时也促进了学员向更高的教学水平发展。而且，对于通过培训，教师要达成的目的也要制定得很明确。

对于课外阅读评价的培训而言，期望教师对课外阅读评价有一个正确的认识，树立促进学习评价的理念，并拥有较好的能力表现，主要包含以下六方面：第一，能熟练且有效地依据课外阅读的目标设计合理的评价方案；第二，能运用适宜的评价方法收集课外阅读的相关评价信息；第三，合理地利用评价信息来提高决策；第四，能对评价结果进行合理的解释和分析；第五，能够有效地使用课外阅读评价的结果；第六，能够在课外阅读评价时避免错误的评价和偏见。当然，教师要实现这些目标，也不是一下子就能完成的，但是可以按照一定的计划，并结合自己的实际情况逐步进行。

采用校本培训是提高教师评价知识和能力的一条有效途径。校本培训就是学校根据自身的实际情况开展自主培训，是教师继续教育的一种重要形式。学校可以首先通过问卷调查或网上调查来了解教师的实际需求，然后对其进行分析整合，再确定具体的培训内容和培训方式，最后再制定每一个阶段培训所要达到的目标和考核的形式。校本培训的有效实施，需要学校各部门分工合作、积极配合、责任落实。还需要有相对稳定的培训主管部门，制定明确的长远规划和分期目标，这样才能使其得到真正落实，教师才能切实受益。评价的理论和实践处于不断发展中，没有人可以把它们全部学完，作为一名普通教师，也没有必要把它们全部学完。只要根据自身情况，有所选择地学习，能够胜任评价工作即可。学校在安排培训内容时，可以采用任务主题的形式，把评价的各个方面具体为一个个的任务，教师将这项任务完成就行，这样一步一步地积累，到一定时间就会产生质的飞跃。教师学习评价知识是为了能够将其用到实际的教学过程中去，在实践中检验理论，在实践中发展理论，真正达到学以致用，提高教育教学效益的目的。因此，可以采取班级评比活动，看哪班的评价方式可以更好地促进学生的课外阅读等。

　　学校在做好培训计划、资源配置和确定任务目标的基础上，合理安排教师的培训。首先要在时间上给予保证，如每个月的最后一天，安排没有课的老师在固定的地方进行培训，也可以采用网络培训的方式，网络培训可以使培训的时间和地点更自由。其次，采用灵活多样的培训形式：如专家的集体授课、教师的共同讨论等。在培训的过程中，可以根据实际情况进行调整，也可以采用多种方式同时进行。并坚持全员培训和分层培训相结合。教师的培训提升是一个长期的过程，必须坚持不懈地进行。在教师队伍中，各个教师之间的教学水平和实践经验有较大的差异，而且认识上也不同，因此，培训在面向全体教师的同时也要注意因材施教。

　　做好一项工作，除了一些客观条件之外，也离不开好的领导与管理，开展评价的校本培训也不例外。因此，学校可以推出有效的管理举措来保证培训的顺利进行，如在制度上，可以将参加培训人按教龄或学科来划分，可以把培训的成绩列入教师的工作考核中；在激励措施上，可以对培训成绩显著的教师给予一定的精神和物质奖励等。

第七章 核心素养下小学语文阅读策略与评价

第一节 小学语文核心素养的相关概念

一、小学语文核心素养相关概念的界定

(一) 核心素养

"核心素养"作为 21 世纪教育领域的价值追求，强调培养个体适应自身成长和社会发展的必备品格和关键能力，其最早由欧盟等国际组织提出，后来美国政府提出 21 世纪技能，我国也提出中国学生发展核心素养。尽管各国对于核心素养的具体表述不同，但其核心追求都是为了培养公民适用于个人终身发展和面对未来复杂多变的社会生活所需的基本素养和关键能力。

所谓的核心素养并非一般的基本素养，而是一般基本素养的灵魂和精髓，是一种可迁移的、整合性的、高阶的、情境性的素养。它强调的不仅是横向的人的发展的全面性，还是纵向的个体发展的生长性。客观世界的规律性决定人的发展的规律性，个体发展的阶段性和顺序性要求教育教学应循序渐进，因此，核心素养也并非天然生成，而是伴随教育对人的成长的作用逐渐发展来的。核心素养的生长性是在基础知识、能力、态度的综合化过程中逐渐形成的。

随着知识的丰富、能力的提升和态度的形成，个体逐渐具备初步的适应能力和解决实际问题的能力，该能力经过个体成长经验不断整合，在实践过程中由一种情境逐渐迁移到另一种情境，进而内化成一种素养。个体的发展具有无限可能性，素养的内化在个体"学、思、行"的过程中不断升华，进而升华为素养的灵魂和精髓，这一过程就是核心素养在个体发展过程中的生长性和整合性。

教育教学和个体成长的曲折性与发展性相统一，体现了核心素养生长的动态

性。因此，教育教学绝不能停留在静态的知识与技能层面，无论是开展学科课程还是活动课程，教师都应引导学生直观质感地体验学习过程的鲜活魅力，使学生能够切身感受智慧之美、向往智慧之学，这样，核心素养这一教育的价值诉求才能达到事半功倍的效果。

因此，核心素养是个体在基础知识、基本能力和基本态度综合、内化、升华后逐渐生成的，再经过个体"学、思、行"这一过程被提炼为一种适用于各种情境的关键能力和必备品格。这种关键能力和必备品格不仅适用于个体终身发展和社会变迁，还将不断生长，在遵循自然规律的基础上，利用自身的能力和已内化的素养改造世界，创造更大的社会效益。

（二）语文核心素养

关于"语文核心素养"的内涵，学者们持有不同的观点。

第一种观点是基于"语文核心素养"与"语文素养"的关系进行探讨，认为语文核心素养的培养，以语文素养的形成为基础，有机地结合学生发展核心素养的指标，从中提炼出语文核心素养的精华和灵魂。

第二种观点则认为语文素养泛化了语文学科的本质，与语文核心素养所强调的语文教育过程中形成的必备品格与关键能力不能相提并论。

第二种观点基于"语文核心素养"和"语文课程目标三个维度"之间的关系来探讨。这种观点指出知识、能力、态度的综合化形成核心素养，因此，核心素养具有高迁移性与高生长性。语文核心素养的外延理应包括知识体系中的核心知识、能力体系中的核心能力、态度体系中的核心态度。

这一观点具有很强的说服力，将语文核心素养和语文三维目标相联系，既有具体的语文课程目标的含义，又有抽象的语文课程理念的意蕴，二者相互联系，前者蕴含后者，后者是前者的具体化。语文教育需要课程理念和课程目标相互统一，才能发挥更大的功效。因此，将语文核心素养与语文课程目标的三个维度相联系是对语文核心素养的科学性解释，三维目标有机结合、相互交融。

第三种观点认为，"语文核心素养"是"语文素养"与"人的全面发展素养"综合化而来的。"语文素养"对学生语言知识、语感、识字写字技能、阅读技能、写作技能、口语交际技能及正确运用语言文字等方面提出具体的要求，这样的要求本身就涵盖个人素养的各个方面，如思维、品德修养、审美、人格等，再生搬硬套加入人的全面发展素养，无非更加泛化了语文教育。

另一方面，"人的全面发展"是指素质教育强调人的德、智、体、美、劳诸育和谐发展，既强调教育的整体性又有发展个性的含义。人的全面发展是现代教育的共同追求，核心素养是在此基础上的升级，当教育所培养的人的质量已达到一定的水平，素质教育的要求也应相应升级。

核心素养正是人的全面发展、素质教育、三维目标的强化升级版，它更强调培养关键能力和必备品格。语文核心素养，并非"语文素养"与"人的全面发展素养"的简单集合，语文核心素养不是素质教育理念虚浮于语文教育之上，而是语文教育掷地有声的育人价值作用于学生的表征和实现，蕴含语文课程人文性和工具性相统一的基本性质，体现了语文学科"语言性"的本质。

综上所述，"语文核心素养"是指学生接受特定学段语文学科教育过程中，通过对语文核心知识、语文核心技能、语文核心态度的吸收、综合、内化、升华，渐渐形成的满足自身未来发展和社会发展所需的具有语文学科特点的必备品格和关键能力，是语文课程纵向目标和横向板块交织，并与三维目标相交融形成的立体有机生命体，体现了语文学科"语言性"的本质，蕴含语文学科的育人价值。

（三）小学语文核心素养

1. 小学语文核心素养内涵界定的四个维度

（1）听说与读写能力

语言建构与运用是指学生在丰富的语言实践中，通过主动地积累、梳理和整合，逐步掌握祖国语言文字特点及其运用规律，形成个体言语经验，发展在具体语言情境中正确有效地运用祖国语言文字进行交流沟通的能力。

这一维度在小学阶段的体现是小学生口头语言的听、说能力和书面语言的读、写能力。综合"听、说、读、写"这四种能力，把它们与小学语文教学充分融合，小学生的语文核心素养才能适时地得到培养和提高，从而在小学生的语文学习和终身发展中起到基础性的作用。

（2）思维发展与提升

思维发展与提升是指学生在语文学习过程中，通过语言运用，获得直觉思维、形象思维、逻辑思维、辩证思维和创造思维的发展，以及深刻性、敏捷性、灵活性、批判性和独创性等思维品质的提升。

思维发展与提升这一素养在小学阶段的体现是指小学生在语文学习的过程中，能够存在疑问和思考，逐渐掌握学习语文的方法，养成良好的学习习惯，从而促进自身的创造性和逻辑性等思维的发展。

（3）感受与鉴赏美

审美鉴赏与创造是指学生在语文学习中，通过审美体验、评价等活动形成正确的审美意识、健康向上的审美情趣与鉴赏品位，并在此过程中逐步掌握发现美、创造美的方法。

在小学生的全面发展中，美育起着至关重要的作用，小学语文教师应该注重培养小学生感受美与鉴赏美的能力。通过教材文本、文学作品、课外阅读等，让学生感受不同时代背景下的人物形象，培养其审美情趣。

（4）了解与传承文化

文化传承与理解是指学生在语文学习中，继承和弘扬中华优秀传统文化、革命文化、社会主义先进文化，理解和借鉴不同民族和地区的文化，拓展文化视野，增强文化自觉，提升中国特色社会主义文化自信，热爱祖国语言文字，热爱中华文化，防止文化上的民族虚无主义。

文化传承与理解这一维度在小学语文中具体体现为小学生能够在语文知识的学习中增强对祖国文化的认同感，了解与传承文化，学会用批判的眼光看待外来文化。只有使小学生感受到中华文化的博大精深，他们才会有意愿和能力继承与发扬中华优秀传统文化，从而建立起文化自信和民族文化认同感。

2. 小学语文核心素养的基本特征

小学语文核心素养的基本特征有以下三个。

（1）小学语文核心素养的基础性

语文课程应致力于学生语文素养的形成与发展。语文素养是学生学好其他课程的基础，也是学生全面发展和终身发展的基础。语文课程的多重功能和奠基作用，决定了它在义务教育阶段的重要地位。因此，小学语文核心素养区别于其他学段语文核心素养的主要特征就是基础性，主要体现在两方面。

第一，小学语文核心素养是掌握其他课程的桥梁，也是学生全面发展和终身发展的基础。虽然关于语文学科工具性与人文性属性的争论还未停息，但是语文交际工具的特性是毫无疑问的，学生通过学习语文，使用语言，将其作为其他学科课程学习的基础和认识世界的重要工具。

在学校课程中无论是师生对话、间接知识经验的学习，还是直接经验的体验都离不开语言工具，因此，语文是学习其他课程的桥梁。同时小学语文核心素养中对语言能力、语文思维、审美意识、文化理解等的培养都与学生未来的生活密切相关，因此，小学语文核心素养是学生全面发展和终身发展的基础。

第二，小学语文核心素养是高学段语文核心素养养成的基础。语文核心素养的形成是一个循序渐进、逐步加深的过程，在不同的学段有不同层次的要求。而小学作为义务教育阶段学生语言发展的关键期，更应注重其基础性，为后续语文学习打下基础，为语文核心素养的提高奠定坚实的基础。

（2）小学语文核心素养的情境性

所谓情境，是指作用于学习主体，产生一定的情感反应的客观环境。

任何知识的意义都不是仅由其本身的陈述来表达的，而是由其所在的整个意义系统来表达的。离开这种特定的境域，既不存在任何知识，也不存在任何的认识主体和认识行为。学科素养的生成需要情境性，尤其是以工具性和人文性为根本属性的语文，在核心素养的培养上更要重视其情境性特征。

小学语文核心素养离不开特定的情境，存在于一定空间、符号体系、文化形态中，需要在一定的语言情境和交际情境中才能外显。脱离了具体的语言情境和交际情境，我们就无法判断学生语文核心素养的真实状况。因此，在语文教学中创设多样化的情境对小学语文核心素养的培养具有重要价值，如生活情境、阅读情境、问题情境、角色情境、游戏情境等。

（3）小学语文核心素养的生成性

对于生成的概念，有哲学理解与教育学理解。

从哲学范畴来看，"生成"意味着"变化"，是某种物质到其他物质变化的过程性展现。

从教育学范畴来看，"生成"是一种教育思维，包括知识内容的传授、生命内涵的领悟、意志行为的规范，并通过文化传递功能，将中国传统文化教给年青一代，使他们自由地生成，并启迪其自由天性。

从这里可以看出，生成是教育过程的理念阐述，体现了动态的教育过程。而小学语文核心素养的生成性是相对于传统的语文词汇、语法传授而言的，是基于情境性学生核心素养逐步养成的过程。

小学语文核心素养的形成不是简单的知识传授的过程，而是学习主体与环境相互作用过程，是情感、体验、意志、反思的生成过程，强调主体的主动参与性。

小学语文核心素养还兼具其他素养一般性特征，如综合性、发展性、个体性等，其最突出的特征是基础性、情境性、生成性，这些特征不仅有助于理解小学语文核心素养的内涵意蕴，也能为后面研究提供一定理念支持。

二、小学语文核心素养的表现维度

一般来说，思维的发展推动语言的发展，语言的发展又促进思维的发展，当然，它们彼此又具有相对独立性。一方面，语言思维是人类特有的意识形态，但它并不排斥人类直观思维、动作思维和其他特殊思维；另一方面，思维能够对语言进行完善，有些无法用语言表达出来的感觉或者思想，思维可以完整地反映。

小学语文核心素养中，语言和思维归为一类，即汉民族语言与思维能力的建构与提升。因此，小学语文核心素养遵循三维框架结构，即汉民族语言与思维能力的建构与素养提升，汉民族优秀文化的丰富、理解与素养传承，汉民族优秀文学作品审美思维的激发。

（一）汉民族语言与思维能力的建构与素养提升

第一，学生掌握基础语言知识，如字词、词性、词义等能够形成语言材料的知识，在此基础上，凭借直觉感悟形成语句，进行语言活动，形成语感。

第二，在掌握语感知识，如语音、语义、语法的前提下，在大脑中形成逻辑思维能力，其在心理上则是一种感受力、审美力和想象力。"汉语言基础知识—语感—思维能力"经过反复实践的过程，形成规律性的语言运用方式，也就形成了语理，可对修辞、语法、逻辑、关联等内容进行灵活的运用。

第三，将"汉语言基础知识—语感—思维能力—语理"这一语言与思维建构与提升的过程内化为语言运用能力，能在各种语境中运用口头语言或书面语言灵活地交流与沟通，进而解决现实问题。

小学语文核心素养之一，即汉民族语言与思维能力的建构与提升，该素养的外在表现即"汉语言基础知识—语感—思维能力—语理—灵活的语用能力"这一呈螺旋式上升、波浪式前进的过程，而这一呈上升与前进趋势的过程，它的形成是在语文基础核心知识、基础核心技能、基础核心态度的支撑下进行的。所以掌握语文基础核心知识、基础核心技能，形成基础核心态度对于形成语文核心素养至关重要。

语言承载文化，在汉民族语言与思维能力的建构与提升这一素养培养的同时，学生所掌握的语文基础核心知识、基础核心技能与所形成的基础核心态度能够帮助其阅读优秀名篇，借助其不断提升的思维力可以增进对语言文字的理解，从而拥有文化积淀，继承优秀中华文化。

（二）汉民族优秀文化的丰富、理解与素养传承

第一，学生对汉民族优秀文化的丰富、理解与传承离不开优秀文学作品的阅读，阅读可以丰富学生的认知，提高其对世界的认识，进而积淀文化底蕴，涵养品格。阅读还利于发展学生思维、开发多元智能，由此体现语文学科的育人价值。而阅读能力既与阅读兴趣有关，又与阅读技能和阅读材料的属性有关。小学语文学习要求学生能够独立阅读、丰富知识、体验情感、增强语感；能够运用多种阅读方法阅读不同体裁的文学作品，并能通过语音知识富有情感地朗读；培养浓厚的阅读兴趣与持久的阅读习惯。

第二，学生对汉民族优秀文化的丰富、理解与传承更需要情感的寄托，如果对事物没有任何感情也就无所谓喜恶，更不可能理解与传承。对优秀文化独特的情感体验常以语言、表情、动作等表现出来，口头语言绘声绘色地朗读、背诵也好，书面语言的表达也好，抑或是手舞足蹈地表现都能传达学生对于优秀文化的喜爱与敬仰。

第三，正所谓"腹有诗书气自华"，优秀文化的积淀会提高一个人的审美情趣、人格品位、眼界与价值观，甚至透过其言谈举止、容貌、神态等外部特征表现出来。

（三）学生对汉民族优秀文学作品审美思维的激发

在语文学习过程中，学生能够阅读民族优秀文化名篇，理解文字间蕴含的思想文化，并对其中的语言文字产生丰富的情感，进而感受文字的魅力、体验其中的美感，能通过语言文字表达情感之美。这一过程便是小学语文核心素养的第三个方面：学生对民族优秀文学作品审美思维的激发。

第一，学生在学习语文基础知识、掌握语文基础技能、形成核心态度的过程中对表现美的优秀文学作品产生心灵的涤荡，通过语言文字的感受力唤起文学审美思维，能够感受到文学作品的意境美、修辞美、音韵美，其中包括人物的人格美、思想感情美等方面。

第二，在感受到其中美的基础上，全身心投入到的意境中，甚至对其产生"高峰体验"，进而能够对其美感进行简单分析，探索美感背后的形象，此时便是思维由内部感受到借助语言的物质外壳对美感体验进行表达与抒发，也就完成了由真实存在的文学语言美到读者或学习者产生的美感体验再到借助语言表现美的审美思维过程。

第三，对美的感受与体验内化为学生的审美品格，学生会主动模仿文学作品中的文字美，通过创作来表现其中的美感，甚至在自然状态下一旦遇到美好的事物便会心生创作的灵感，进行简单的创作来寄托自己的美好情感。

第二节　核心素养导向下小学语文阅读教学策略

语文阅读教学是语文教学的一个不可或缺的重要环节，在核心素养培育的大背景下，小学高年级语文阅读教学应当而且必须凸显语文学科的独特个性。只有做到工具性与人文性的有机统一，同时两者相互融合与促进，语文阅读教学方能绽放迷人的色彩。

退一步来说，我们不否认传统的某些教学方法的合理性与正当性，但我们更应该看到，在新的教学理念指导下，语文教学会更趋完美。因为这种新型教学理念的一个重要标志就是，教学过程中教师主导与学生主体始终是浑然一体的，在教与学的具体实施过程中，学生的语文核心素养才会实现稳步提升。

一、立足基础知识，培育"语言建构与运用"素养

"语言建构与运用"是语文核心素养的重要组成部分，语言的积累素养不达标，必将导致学生在发展语文整体素养时出现头重脚轻、结构失衡的情况。毕竟，"语文建构与运用既是学生丰富自我语汇的需要，也可以为他们今后语文学习进行基础性铺垫"。

作为小学语文阅读教学中的核心素养之一的"语文建构与运用"，主要是指学生通过教师在阅读课堂上的启发与引导，尽快掌握相关的字、词、句、段、篇、语、修、逻等方面多个层面的基础知识，并在此基础上深入探究文本的语言表达特点及语言表达规律，最终构建起一个容纳"积累与知识、整合与学识、交流与见识"等要素的复合多元的整体语言运用体系。《义务教育语文课程标准》明确指出，教师要着重培养学生最为基本的语用意识，打造以"语文建构与运用"为核心的语文阅读课堂，并将此视为提高小学语文教学实效性的主要方式。

可以说，语文建构与运用以"语言"作为阅读教学的根本出发点和主要落脚点，教师要不断提升自身的理论修养与知识水平，加强对学生的引导启发。小学语文教学中教师的工作重心是对学生进行语言文字表达能力的培养，使学生在感受语言魅力的同时，灵活运用文字，并且通过口语或书面进行熟练表达。具体说来，语文阅读教学中培养语言建构与运用这一核心素养的策略可以分为两大步骤：一是局部性的字、词、句的基本语法知识的建构，二是整体上的段落、篇章、修辞、逻辑知识的运用。

（一）局部性语法知识的建构

小学语文阅读教学的重心不仅仅是语法知识，但多掌握一点语法基础知识，对于教师而言实在是多一样教学的本领。在这里，我们不妨列举一个小学阶段最常见而许多语文教师又不太明白的语法知识——词语与句子结构关系的知识。按照现当代语法理论，词组成句有三个方面的制约因素：一是结构性因素；二是语义性因素；三是表达性因素。具体说来，大多数介词类词组（如以目前的形势/经过调解等）、部分充当补叙的词组（如毋庸置疑/不可否认等），还有"所"字

结构的词组（如所涉及/所面对等）都不能独立成为一个完整的意义的句子。词要成为句，其实在语义上的限制非常之多，比如状态（"小明上小学。"不成句，"小明上小学了。"/"小明准备上小学。"/"小明正在上小学。"/"小明上过小学。"这可以是完整句），还有情态（"小明写日记"不能成句，"小明会/能/愿意写日记"就可以成为完整的句子），等等。概而言之，词组要成为句子"要从完句手段和完句成分两个角度来看"。只有我们的教师自身理论修养与知识水平提高了，在阅读教学中才能帮助学生化解字、词、句的运用中碰到的难点疑点，学生说出来的句子、写出来的段落才能避免各种病句的出现。

（二）整体性篇章知识的运用

过去的小学高年级语文教学存在一定的偏差，结果往往会导致口语表达与书面写作时段落结构不科学、安排不合理、表述欠当的毛病比较突出。这时，作为教师的我们就要及时而准确地引导学生从宏观上分析某些段落在文章中的具体作用，同时顺带将篇章、修辞与逻辑知识贯穿段落的分析中。

"语言建构与运用"这一核心素养的培养是一个长期的工程。作为语文教师的我们，一方面在阅读教学中立足文本，明确语文教学目标，改变与突破过去陈旧的教学观念，真正将人本教育教学观念发扬光大，从教学实践出发，不断丰富自身的语法知识与文化修养，本着以生为本的态度引导学生准确表达；另一方面则应加强小学阶段经典作品阅读语料的积累，自觉培养学生对字、词、句、段、篇、修、逻等知识序列的科学整合与灵活运用，从而最终促使学生的"语言建构与运用"这一核心素养落到实处。最终实现自身小学语文阅读教学水平和教学质量的切实提升，为学生的全面素养发展与自身的学识修养更上一个台阶奠定良好的基础。

二、突出问题意识，培育"思维发展与提升"素养

阅读是收集处理、认识世界、发展思维、获得审美体验的重要途径。我们在阅读教学中，要善于创造时机，根据内容的需要适时地设计一些富有启发性的问题来唤醒、激活学生的思维，让学生自己去思考，在思考之中培养他们独立面对问题的能力，并提出自己的问题解决之道。

（一）以读带思，充分发挥学生的阅读主体作用

语文教学离不开学生的主动性参与，而小学高年级语文阅读课的教学，更是离不开对学生主体地位的尊重，对学生发现问题、探究原因精神的鼓励。一方面，在阅读课上，教师要围绕阅读这一主导线索，通过诵读、赏读和研读等多种形式和环节，将学生带入文本的世界。

另一方面，多层次阅读环节如果没有学生的主体参与热情，其教学效果也会大打折扣。换言之，阅读课首先必须注意激发学生自我的能动作用，才能落实学生知识修养、情感维度与思维品质的提升，也才能实现借助阅读教学促进学生语文核心素养的全面发展。不少语文教师喜欢一言堂，做老好人，习惯性地将所教文章的思想主题、人物形象、艺术特色等一股脑地和盘托出。这样的做法的确很糟糕，它会导致学生带着先入为主的态度进入新课的学习，难以形成新的问题与认识，这实在是令人痛惜的。显然，只有学生充分发挥自身的主体意识，师生之间才能围绕阅读课文开展有效的理解沟通与深层次的互动探究。唯有如此，我们阅读课的教学效果才能事半功倍。

（二）以问带思，充分发挥教师引领作用

问题是课堂的牵引力，也是师生共同面对的一个个小关卡。好的问题往往能激发学生探究的积极性，带动他们思考的主动性，还最大限度地发挥参与的主体性。一般说来，以问题来带动思考，离不开教师在课堂上的全方位引导。具体表现如下：首先，阅读课上，语文教师应该努力在课堂上创设生动活泼、积极探讨和大胆质疑的互动对话的气氛，最大限度地调动学生参与讨论、参与质疑、参与提问的积极性。其中，敢于提问、善于提问正是思考的起点。科学家爱因斯坦曾说过，"提出一个问题往往比解决一个问题更重要"。我们在课堂教学中，要时刻牢记学生是学习的主体，问题是学生与课文联系的媒介，教师要通过问题在学生与课文之间铺路搭桥。

其次要善于引导学生运用发散性思维方式，尽可能打开思维视界，进行多角度的不拘一格的想象。为此，教师在课堂教学过程中就要少说甚至不说，而是让学生自己说，教师再在适当时候加以点拨与引导，这样课堂的效果就会事半

功倍。

最后要教导学生掌握比较思维的方法，提升思维深度与高度。比较是人们认识事物的基本思维方法，也是学习的重要方法。具体说来，比较思维就是将两个及两个以上的事物放在一起比较，学生无论是求同思维还是求异思维都有自己的价值，不能轻易否定。

（三）以析带思，充分发挥思路分析的思维导向作用

"思路"即思维的脉络，思路分析也就是教师在阅读教学过程中，一切从所教的课文文本出发，先解构再建构，一切又复归于文本。这就要求教师有较强的文本细读能力与文学感悟能力，能够依据文学理论知识还原文本的最初意义，推演文本词句段篇之间的逻辑思维轨迹，寻找文本的缝隙，进而将这一切变成课堂上生动可感的教学行动，最终引导学生也在自己的脑海里建构起完整的文本思维导向图。

一般说来，思路的外在表现形式就是阅读课堂所教的课文文本的结构，一篇课文的结构安排从根本上说还是由作家的写作思路决定的。所以，一定要让学生明白这样一个事实：如果我们能够正确地分析文本的结构，也就能准确地把握课文的思路了。而要准确分析文本的结构，又离不开对于语段结构的分析与意义层次的分析，只有这两方面做好了，课文的思路才算了然于胸。

其中，我们在引导学生分析语段的结构时可从这样三个方面入手：第一步是围绕中心，纲举目张。首先要做到的当然是尽快找准中心句。第二步是梳理思路，理顺结构。语段的结构主要分为纵向结构和横向结构两种形式，抓住这两种以后，再来寻找其中的变式就方便多了。第三步是寻找标志，解析结构。像"首先""其次""再次""总之""由此可见"等关键性语句，都是分析语段结构层次的突破口。做到了这三点，我们再来思考语段的结构特色时就会胸有成竹。

而引导学生分析课文文本的意义段时同样也可分为三个步骤：第一步是辨明文体，选准角度。一般而言，文体不同，层次划分的标准也不同。我们首先要明确不同文体划分归类的标准，如一般的记叙文体，往往可根据时间、空间的切换来加以划分。第二步是辨明重要的文句。任何类型的文章，它的中间往往还有一些过渡性的句子，这是我们划分的重要参考依据。如领起句、总起句、过渡句等

就是我们要把握的重点。第三步是抓住标志性词语。像顺序词、关联词、指代词等都可以激发我们划分文本意义的思维。

三、强化艺术体验，培育"审美鉴赏与创造"素养

语文学科就是教育学生怎样感知美、理解美、鉴赏美、评价美、创造美的学科，其中阅读教学对于审美情趣的培养作用尤其不可忽视。所以，作为教师的我们在教学过程中首先要努力提升自我的审美艺术素养，然后才有可能充分发挥语文阅读课堂的艺术魅力，提高学生的审美体验，培养学生的审美情趣，进而最终实现审美鉴赏与创造能力的提升。具体来看，阅读教学中教师在培育审美鉴赏与创造素养中应该做到以下三方面：

（一）增进阅读课堂情境的审美艺术体验

审美艺术体验，是主体在艺术实践中感悟审美情境的具体表现，它涵盖了审美体验最基本的内容与精髓，是审美体验的集中表现形态与核心。在文学批评中，审美艺术体验是文学创作与批评的源头，而在教育界，学生在获取知识与能力的过程中，同样离不开审美艺术体验。感官体验是我们接纳外界事物、学习外部知识的初级阶段，这在小学阶段表现得更为明显。这时候，要实现这一特点就必须创设情境，教师必须充分发挥学生在感受美、领悟美、表达美等方面的潜力，并借助审美的经验与理论，把他们带入一个"圆融的艺术的体验空间"。作为教师，我们就要在语文阅读教学中培养小学生的审美悟性。教师在教学中，要善于创设情境、营造氛围，从审美体验出发激发学生的审美趣味。比如利用音乐、绘画和视频等外部媒介适当地激发学生的阅读兴趣，引导学生进入发现美和感受美的美好意境之中，从而不知不觉就提升了自己的审美悟性与审美把握能力。

（二）引导阅读文本内容的审美艺术想象

审美艺术想象的最大特点在于美的形象创造，而美的形象创造依赖形态各异的审美对象。只有立足具体文本内容，借助审美艺术想象把审美活动推广开去，从一点带及其余，从有限导向无限，才能获得真正的审美愉悦。目前，越来越多的专家学者认识到了审美艺术想象对于培养学生核心素养的重要价值与意义，也

有越来越多的相关研究将目光聚焦于小学语文教学的美育中。过去的小学语文课堂单纯强调知识灌输的方法显然已经不太适合现代核心素养培育目标的需要，为了适应时代的发展，我们必须改进阅读教学策略，重视小学生审美能力和审美品位的全面提升。

从小学语文阅读课堂教学实践本身而言，引导学生激发阅读文本内容的审美艺术想象活动，不但可以促进学生的审美想象力的培养，而且通过相应的读写结合的方法，能使学生在感受美、发现美的基础上进一步表达美、创造美。一般来说，教师在小学语文阅读课堂引导学生阅读文本内容的审美艺术想象活动的类型形态可以是多种多样、丰富多彩的，如分角色扮演、微型写作练习、改写续写结尾等，都是激发审美想象的重要方式。

（三）促进审美鉴赏能力的突破与创新

与其他学科不同的是，语文具有独特的审美教育功能，审美能力是审美修养的重要组成部分，它又被分为审美感受力、审美想象力、审美鉴赏力等。其中审美鉴赏力与创造力被认为是语文核心素养至关重要的一环。而对于审美鉴赏能力的突破与创新而言，我们又要做到以下方面：

首先，教师要培育学生的创新意识，激发他们的创新精神，就要充分利用好审美感受、审美想象以及审美鉴赏的助推作用。比如，学习李白的两首诗《望庐山瀑布》和《早发白帝城》时，我们就可以引导学生围绕李白诗歌的整体特征进行适当的审美感受与审美鉴赏训练。"两首诗都属于浪漫主义风格，均给人以极强的画面感，呈现一种豪迈的美。区别在于：前者运用了夸张和比喻的手法，形象生动，给人以纵向的想象空间；而后者则利用比兴与移情手法，给人以横向的想象空间。"通过对比，学生的审美判断能力与审美欣赏能力也就会提高。这时，我们如果继续布置一个作业，让学生欣赏苏轼的两首浪漫主义诗歌《饮湖上初晴后雨》和《六月二十七日望湖楼醉书》，并写出两首诗的相同点与不同点，这时学生的审美创新能力也就被极大地激发起来，各种基于审美感悟、审美体验与审美创造的答案便——呈现在我们眼前，学生的语文核心素养也就在无形中上升到了一个新的台阶。

其次，要抓住审美鉴赏的本质，培养学生独特的发现文学审美问题的能力，从而推进自我的审美创造。比如，许多学生对于教师给出的所谓"标准答案"并不太认同，尤其是关于文学审美方面问题的答案。这时，作为教师，就应该鼓励学生的审美创造与艺术创新思维，并及时引导到合理的路径上，防止某些学生钻牛角尖将思考的方向带向非审美的地方。如讲述朱自清的散文《春》时，某些学生说朱自清的这篇散文矫揉造作，故意模仿儿童视角，不值得赞美。这时，作为教师，就应该起到审美引导的作用，在肯定学生的创新思路的同时，应该解释文学的本质特征与文学的美感的关系。还有，有学生说朱自清的散文《背影》中"父亲"违反了交通法规翻越栏杆买橘子，这样的"父亲"根本不值得赞美，作为教师的我们，同样应该借助审美引导，充分解释文学的本质特征与文学的美感的关系。这样，审美鉴赏的创造性与创新性才不至于偏离了方向。

四、创新教学形式，培育"文化传承与理解"素养

我国文化传统源远流长，在小学语文教学过程中，对小学生进行传统文化精髓的渗透，让学生形成正确的人生观、价值观和世界观，对其以后更高学段的学习，乃至今后进入社会工作都有重要的意义。传承传统文化，离不开对传统文化的理解与弘扬，在小学高年级的语文阅读课堂之中培育文化传承与理解素养，更是意义重大，刻不容缓。近年来，随着改革开放进程的日益深入，外来文化对本土传统文化的冲击也日益明显，小学生对于本国的传统文化接触得就不够多，在这种大背景之下，更应该注重本国传统文化的传承与弘扬。

在小学语文阅读教学中培育文化传承与理解的核心素养，主要方法还是渗透为主，侧重文化潜移默化的功效。这种在阅读课堂上进行文化传承与理解的渗透，具体又表现在以下两方面。

（一）在语言建构中理解传统文化

传统文化的传承与理解其实也渗透到了语文核心素养的另外三个组成部分之中，无论是语言的建构与运用还是思维发展以及审美鉴赏与创造，都离不开文化的传承与渗透，其中又以语言的建构与运用阶段表现得最为明显。

比如，我们在古诗词阅读课之中，无论是朗读还是品味，都常常会接触到汉字的字音与声调的关系。随着音律的这种起伏变化，汉字的音乐美就会缓缓流淌

于每个学生的心田，再配之以含蓄婉转的诗歌意蕴，便会在学生心中产生余音绕梁、回味无穷的审美效果，文化与审美、诗词与知识、意味与思索都在这一刻得到了升华。

借助语言建构来理解与传承传统文化，自然离不开古典文学的熏陶与启迪，其中古诗词与文言文作品的传统文化传承效果最为突出。古典名著不但是塑造教师心灵的主要雕塑家，更是学生心灵的主要雕塑家。比如，在古诗词阅读教学中，我们首先引领学生在读音与识义的过程中，揣摩方块汉字的音韵魅力，其次我们可以借助汉字的象形赋意特征来引领学生欣赏传统文化的独特魅力。

（二）创新阅读教学模式以传承传统文化

创新教学模式，培育"文化传承与理解"素养，看起来只是简单的一句话，但要真正有效地付诸实践，那还得下一番功夫。我们可以根据内容需要，主动创设文化教学情境，在优秀传统文化和小学语文阅读课堂之间找到结合点，从而将优秀传统文化的独有情怀加以有效释放与全方位传承，最终就能起到潜移默化、润物无声的最佳效应。

在整个教学实践过程中，作为教师的我们一定要重视那些富含传统文化意味的课文，并且尽可能地去还原文章当时发生的情境，这样也有可能将学生的文化传承与理解带到一个新的更高的层次。

第三节　核心素养视域下的阅读教学评价

一、多元评价体系的构建

（一）当前语文教学评价中存在的问题

1. 教师教学观念落后，缺乏教学导向

在实际的语文教学过程中，无论是作为教学主体的语文教师，还是作为教学客体的学生，甚至是教育管理人员，都对语文教学评价的对象、作用等问题存在

相当程度的误解。虽然大部分的教育管理人员、语文教师和学生都对语文教学评价有着强烈的需求和兴趣，但他们最终却不得不将其搁置，因为他们理解语文教学评价的时候都是基于自身的立场和现实的普遍做法，而不能站在语文教学评价系统这一宏观整体的层面去理解，迫于考试和教学任务的压力，语文教学不得不向分数和升学率低头，这就导致语文教学评价的目标导向严重失衡。

2. 缺乏应有的评价氛围，执行力不足

虽然教育管理人员以及直接参与语文教学的教师与学生都对语文教学评价有着强烈的需求和参与欲望，但由于受到自身立场和知识水平的限制，他们对语文教学评价对象和作用的理解并不全面，与语文教学评价本身的含义也存在一定的差距。一方面，这种强烈的需求和参与欲望让人感到欣慰，因为这让人感受到了推广语文教学评价的广阔前景和强大动力；另一方面，虽然大部分的教育管理人员和语文教师经常进行语文教学评价，但这种教学评价却多局限于教育管理者对教师和教师对学生的单向评价，而作为语文教学活动客体的学生却几乎完全没有参与教学评价这一活动。这些都反映了教育管理者对教师教学成绩和效果评价的过分重视，忽视了教师的自我审视和学生这一主体在语文教学评价过程中所起的作用。

3. 教学评价的主体和对象过于单一，致使评价主客体双方两败俱伤

在对教学评价的对象认识进行调查分析时，笔者发现在谈及语文教学评价的对象时，大多数的教师和学生认为评价的对象只包括学生的学习成绩而忽视了对教师的评价。虽然监管语文教学的教育主管部门认为语文教学评价的对象应当包含教师和学生两方面，但在实际教学中，教育主管部门往往把对学生的评价和考查任务简单地推给语文教师或班主任来进行，而所谓的对语文教师的评价也大多只是针对语文教学的成绩和效果展开，即针对语文教学教案备写情况、语文课堂教学成果和学生的语文考试或测验成绩考查。这样一来，拥有丰富主体、对象和内涵的语文教学评价系统就被人为地分裂为几个相互之间缺乏联系的独立系统，并最终演变成学校对教师、教师对学生的单向评价。这种对语文教学评价系统内涵的片面理解很难把握语文教学评价的整体情况，这种局限又反过来对语文教学产生不利的影响，使教育主管部门、教师、学生三方难以获得真实全面的理解。

（二）教学评价存在问题的原因

1. 对社会筛选把握不正确

我国是一个有着五千多年璀璨文明史的文明古国，西周时期开创了我国通过考试评价制度选拔人才的先河，到两汉时期发展成为察举制。隋炀帝在位期间设置进士科，而进士科的设置则标志着对我国后世选拔人才方式产生了深远影响的科举制正式创立。再到今天的升学考试尤其是中高考制度，仍然延续着通过统一考试对学生进行评价的人才选拔方式。在我国现阶段的社会和教育背景下，考试成为每一个个体不得不接受和适应的生存环境。在社会竞争和生存竞争的压力下，学校、教师、学生和家长为了适应社会的生存发展、得到社会的认可并通过社会的筛选得以生存，不得不向考试筛选这一不合理制度妥协。

2. 对价值取向多样化认识不足

马克思主义唯物论认为，人是社会中的人。作为社会关系的总和，人具有社会性、能动性和复杂性等多种特征。不同的人经历的社会生活和生存环境不同，其所拥有的已有经验和认知也不同，因此，每一个人都是独一无二的个体。在语文教学评价中，不同的主体基于其自身的价值观不同，在面对教学评价中发生的事件时所持的立场、观点、态度和选择均不相同，这就决定了不同主体对于教学评价中教学目标、教学过程和教学结果的评价取向也不尽相同。现行的语文教学评价并没有充分考虑到教学评价主体价值取向的多样性，而仅仅是制定了一个简单统一的标准进行评价，这在根本上制约和阻碍着语文教学评价的健康发展。

3. 社会系统监管不力

这里所说的社会系统监管不力并不是针对某一具体的机构而言，而是针对整个社会而言，是多方面的。首先，教育部门作为教育监管的机构，其应该承担教育监管的主要责任。但在实际过程中，并没有发挥出其应有的监管和督促功能。教育部门在开展教学评价工作时往往忽视教育的本质而过于追求行政化和表面化，将教学评价工作流于形式，给教学评价造成伤害。其次，各级学校作为教学评价的直接执行单位，对教学评价的本质和重要性认识不足。这就使得学校在开展教学评价过程中存在敷衍心态，难以积极地对语文教学评价实施过程中存在的实施力度弱、操作不规范等问题进行纠正。最后，社会其他主体或系统对语文教学监管不力。

（三）语文教学评价存在问题解决的对策

鉴于语文教学评价中出现的各种问题，在语文教学中，教师可以使用多种评估系统来提高课堂评估的有效性。

学习者的能力是多方面的，每个学习者都有独特的优势。在意义建构的过程中，学生的能力不是一维的数值反映，而是多维综合能力的体现，因此，对学生学习的评价应该是多方面的。多元评价理论体现了主题的多元化、内容的多元化、方法的多元化，促进了学生的全面发展。

1. 概念解析

（1）评价

"评价"，可以理解为"评价价值"，是一种表达对客观事物主观感知的有意识活动。"价值"的存在或大小取决于主题，即"仁者见仁，智者见智"。在教育和教育研究中，"评估"是指用于获取有关学生表现信息的各种方法，包括传统的纸笔测试和开放式问题（如作文题）以及现实中世界人的操作（如作为论文问题）。它是一个通用术语，此时评估中要回答的问题是"个人表现如何"。

（2）多元学习评价

经查阅书籍、文献检索，没有找到关于多元化学习评价的确切定义，但"多元化""学习评价""多元学习评价"等词频繁出现在教育测量与评价研究中，可见"多元化""多元学习评价"的理念正被越来越多的人接受。而且，基于文献了解，笔者经整理发现多元学习评价是基于多元智能理论和现代教育评价理论而提出来的，具有多元化评价的一般特征：评价主体多元化、评价内容多元化、评价方法多元化、强调人的发展、强调质量评价。评价以促进学生全面发展为目的，尊重学生个体的同时，通过多种评价的方法或手段，让多个评价主体参与到对学生的学业成绩，以及学习的态度、行为等综合素质多方面内容进行评价的过程中。而多元学习评价的这一过程，在被检索得到的文献中常被研究者描述为一种"评价模式"或"评价体系"。

这种评价模式或体系，通常由基础知识、应用能力、平时成绩三部分按不同比例组成，由于不是通过一次卷面成绩评价学生，而是从多方面收集和接受学生学习的相关信息，所以，相比于传统的纸笔测验成绩更能较为准确且全面地反映学生的学习水平；由于新课程理念下的评价对不同的学生个体有不同的发展目标要求，所以相比于传统的纸笔测验成绩更能较为准确地反映出学生的学习水平；由于它强调将书本知识与相关社会问题联系起来，所以相比于传统的纸笔测验成绩更有利于学生主体意识的发挥，以及学生在考试过程中实现对自我的再教育。

在相关的多元学习评价研究中，不论是高等研究教育或基础教育研究，还是语文、数学、生物、体育、音乐等不同学科教学研究，探究的核心始终在于评价是否能够充分反映学生的综合素质发展情况，是否会关注学生学习的过程和结果，是否会关注学生学习及其发展过程中在学习能力、情感态度价值观、合作与交流等诸多方面的变化。总之，多元学习评价贯穿学生学习的各个环节，具体表现为关注和促进学生的发展，强调评价要做到考虑学生现在的发展和未来的需要，力求能够通过评价，促进学生在原有基础之上的提升，挖掘学生潜能并发挥学生特长，了解学生在发展中的需要并适时、有效地帮助学生认识自我、建立自信。

2. 学生学习多元评价的理论基础

（1）多元智能理论

多元智能理论是美国哈佛大学教授、发展心理学家霍华德·加德纳（Howard Gardner）提出的。在他看来，人的智力是多元的，并以相对独立的一组能力存在着，认为每个人都具备包含语言、逻辑、空间、肢体运动、数学、音乐、人际关系、内省、自然探索在内的九种智力，只是每个人会以不同的方式对各种智力进行组合和应用，用以完成不同的任务、解决不同的问题，并在不同的领域中得以发展。

正是因为每个人在智力结构和学习方式上都存在差异，所以，教师在评价学生的时候，如果只采取单一的手段，不足以作为完满评价学生的依据。对此，加德纳强调"通过情境化的评价激发智能"，也就是说，如果教学内容能用不同的方式呈现，并采用多元的方式进行评价和测量，那么具有不同个性和能力的各类学生就会有更好的理解与表现。该理论的主张为每个人的人生理想提供了足够多的发展空间，也为教育及其评价和测量带来了更多有益的影响。

（2）建构主义理论

20 世纪末，随着人们对教育学、心理学以及哲学的深入研究，传统教育体系的不足之处也渐渐显露出来，为了适应社会发展和对人才培养的要求，以认知心理学为基础发展而来的建构主义理论也逐渐在西方变得颇受欢迎。尽管建构主义学习理论盛行至今，理论内容丰富且流派纷呈，但是其核心思想大致无异，都强调人的主观能动性，强调知识处于不断的重新构建之中，认为学习者是知识的主动构建者，这就要求学习者能够主动地参与教学，在客观真实的教学环境下积极主动地构建自身的知识框架。在整个学习的过程中，教师是知识与学习者之间的中介，也是学生个人对知识意义的理解与社会上以文化建立起来的意义之间的中介。

（3）后现代主义理论

后现代主义诞生于后工业社会，首先出现在艺术领域，然后影响哲学领域，成为一个庞大的学派。作为一种社会文化思潮，后现代主义对西方社会的发展及其对西方传统文化产生了很大的影响，并指出了新的思维视角。后现代主义具有开放性、多元性和创造性等几个特征。在后现代主义者的眼中，人类世界是一个开放多元的系统，创新是社会的本质，是社会和个人发展的无限动力。后现代主义还强调个体解放，尊重和促进人与人之间的差异，重视个体意识中的主动性和创造性。

现代主义知识观认为，知识是客观的、绝对的，直观地反映了人类的认知过程，而后现代主义的知识观则批判了这一概念。根据后现代主义知识观，知识是在外部客观刺激与主观认知结果相互作用的过程中建构起来的。在教学行为中，教师不是知识的权威，也不是简单地向学生传授知识，学生也不是单纯的知识被动接受者。此外，后现代主义的知识观认为，生活世界和科学世界不是一个整体，两者不是一一对应的。

面对来自客观世界的信息，主体会根据其个人和情感体验而获得不同的认知结果。师生之间的关系是不同学科之间的关系，两者之间的相互交流也可以产生教师的新认知。

后现代主义课程观点认为课程不是预先确定的，而是由课程参与者通过互动创造的。课程是一个开放的、适应性强的系统，它根据活动场景而变化。课程目标是不确定的，在实际教学过程中，课程参与者可以根据实际情况适当调整课程目标。同时，在实际探究过程中，不断加强和完善课程，直至形成综合内容。学生应该参与课程开发，个人探索和体验应该是课程的组成部分。同时，后现代主义课程理论强调学生的灵魂和精神，强调通过课程对学生进行解放，注重培养学生的课程建设能力和意识。

后现代主义理论为充分展示人性及其生命的本质提供了舞台，注重过程，使得学生真正成为学习的主导者，在活动过程中得以不断发展，更为教育教学模式的构建和变革注入了新的活力，为教育教学实施评价也提供了新的视野。也有研究者认为，对学生学习实施评价不应仅仅是对当前情况做出简单狭隘的价值判断，更应以此作为学生的下一步学习活动开展的逻辑起点，从而明确对学生实施学习多元评价的真正功能在于促进和充分发挥其主观能动的作用，有效推进学生学习，推动学生个体的发展。

（四）多元评价观念的构建

1. 把握评价内容，涵盖三维目标

教学目标是课堂教学的灵魂，具有统帅全局、导向和调控作用，课程标准把教学目标划分成"知识与技能，过程与方法、情感态度与价值观"三个维度。多一把衡量的尺子，就会多出一批好学生，单方面的智力发展、简单的好坏已经不能诠释语文的内涵。评价的内容应形成多维度、全面的评价内容框架。知识与技能方面，涵盖了字与词、段落与篇章、诗词等领域的事实、过程与技能的评价；语文思考的评价包括对提出问题和解决问题能力、解决问题的策略，创新和实践能力及合作与交流等的评价；情感与态度的评价包括对学生参与学习活动情况、学习的习惯与态度、学习兴趣与自信心等方面的评价。我们在开展课堂评价时，要从知、情、意、行等多方面去衡量每一名学生。通过对评价对象的多维度、多层次的评价，激发学生潜在的学习兴趣，使学生知道应该用什么样的态度学习语文知识，充分发挥他们的积极性、主动性和创造性。

（1）重视双基

语文知识不仅包括"客观性的知识"，即那些不因地域、学习者而改变的语言知识事实，它们被整个语文知识共同体所认同，反映的是人类对语言文学知识

的认识，主要包括一些基本的事实性的知识。学习的过程是学生多方面获得生长的过程，其中教师最关注的就是学生的思维生长。只有思维得到生长，学生才能继续学习下去。传统的教学是教师唱独角戏，不重视思维训练，或者说忽视对学生高阶思维的培养，进行最多的是识记思维，而创新思维、批判思维、推理思维长期得不到发展，容易让学生的思维僵化。因此，在教学过程中，教师可以增设自主辩论环节，以提升学生的思维能力。自主，体现在教师在引发学生的思维上采取的形式，即让学生成为思维的主体，让学生自我激发思维；辩论，体现为学生的观点得到保护与尊重，每名学生都有发言的权利，也有不同意其他人观点的权利。

（2）立足过程

在评价方法上，教师应该坚持重过程、重发展、轻结果的原则。在对学生进行评价时，需要注重分小组评价与即时评价。如果学生表现良好，教师需要采用激励性的语言肯定学生。因为每名学生的成长环境和学习能力是不同的，存在一定的个体差异，如果使用统一的标准或规范要求所有学生是极不合理的。在此种状况下，教师需要优化评价方法，按照能力的差异将学生划分为不同的小组，对每次活动中小组表现最好的成员提出表扬，以此来发现学生的细微进步，大幅度提升学生学习的积极性和主动性。

评价在教学活动中占据重要地位，有效的评价可以激励学生，促进他们的进步与发展，但是过去的评价方式不够完善，不利于学生的全方位发展。为此，教师可以基于课程采用多元评价的模式，创新评价的内容与形式，整体上提升学生的学科素养。

（3）重视能力

明确具体的目标是学生前进的方向。每一个小目标，就像前进路上的一个个站台，需要到站加以提醒。教师在对学习内容小结的过程中，要巧妙地利用评价语，自然地指明学习目标。

（4）注重情感

学生对语文的情感态度与价值观具体包括以下九个方面的表现：第一，具有运用语文知识解决常见问题、交流观点和推理的信心；第二，具有探索语文知识的灵活性，愿意尝试各种解决问题的方法；第三，面对富有挑战性的语文学习任务时有坚持不懈的态度；第四，对从事语文活动具有好奇心、探索欲，并具有一定的创造性；第五，具有调节和反思自己思维过程和行为的意识；第六，对于不懂的地方或不同的观点敢于提出疑问；第七，形成实事求是的态度和独立思考的习惯；第八，体会到语文在解决来自其他领域和日常生活中的问题中的应用价值；第九，欣赏语文在促进社会进步和文化中的作用，以及作为工具和语言的价值。

评价的目的是要促进学生的发展，发展既要包括认知的发展，也要包括情感的发展，对学生进行评价时，不仅要评价其记忆、理解、思维能力等认知方面的发展，还要关注学生情感与态度的评价，要考查学生是否主动地参与到教学活动中来，对学习是否有信心、感兴趣，对相关的问题是否充满好奇心，遇到难题时是否能够积极主动地去克服和解决等。

2. 评价主体多元，鼓励超越自我

（1）教师评价学生

语文教师在课堂上的评价要有针对性，要根据教学目标和教学内容对学生的回答进行针对性的评价，切忌笼统。例如，要求学生朗读课文，应该从学生的音准、语速、情感等方面进行评价与指导；请学生回答问题的时候，关注学生的答案是否完整，如不完整，应该如何完善，从而给出针对性的建议；当学生回答错误时，则要及时指出，引导学生朝着正确的方向思考。有针对性的评价，才能帮助学生正确认识自己的学习水平，这样的评价才是有效的反馈。

①用激情满怀的话语激励人

课堂不是教师的"一言堂"，这是所有教师的共识。同样，课堂也不是教师评价的"一言堂"。课堂评价应该注重评价主体的多元化，让学生自评、互评，参与到评价中来。学生间的评价有利于增进学生之间的理解和交流，学生也能通过交流，感受到学习的成就感和同伴的尊重、赏识。曾有学生告诉笔者："我回答问题的时候，如果能听到同学对我的肯定，那我会很开心，因为他们在认真地听我回答。"这是学生真实的、诚恳的心声，因此，在语文课堂中，教师要善于为学生营造评价的良好氛围，教给学生评价的方法，留足时间，鼓励学生参与评价。

②用幽默风趣的语言鼓舞人

教师的课堂评价也要适当地运用幽默语。在课堂中，幽默风趣的讲课方式可以很好地消除师生之间的隔阂，让枯燥的课堂充满笑声。而教师幽默地点评学生出现的错误，则可以减少学生的尴尬。

（2）学生评价学生

学生在评价他人的同时，也能更进一步地认识自我，这是"师生评"难以收到的效果。因此，在实际教学中，教师应该鼓励学生互相进行评价，并要求生生互评时要做到公平、公正，既要赞赏同学的优点，又要客气指出不足。

在课堂教学中，不管采用哪种评价方式，都要注重每个学生的感受，以激励为主，敏锐地捕捉其中的闪光点，并及时给予肯定和表扬。在语文教学的每个环节，充分发挥教师评价的魅力，欣赏学生自评与互评的精彩，渗透教师和同学的关爱、包容和鼓励。

（3）学生自我评价

在日常的教学工作中，教师应激励学生积极主动地进行自我评价。例如，在做完一个课堂练习反馈后，让学生对自己所做的练习做自我评价："你认为自己的练习可以评几星级，就给自己打上几颗星。"在授课的总结阶段，创设让学生进行自我评价的教学情境，引导学生对本节课的学习情况进行自我评价，评价的内容包括知识掌握情况、能力发展情况、学习态度和情绪情感等方面的评价。通过自评，能充分调动学生的积极性，放飞学生的思维。

3. 实现评价方法的多样化

（1）认知评价与情感评价相结合

谈到评价，自然会有优劣之分，但是我们必须明确一点，课堂评价必须促进学生的发展，如果在评价的过程中挫伤了学生的自信、自尊，那就说明我们的评价失败了。面对学生的优点，我们的评价似乎来得更容易些，但是我们也不能厚此薄彼，既表扬了一部分学生，同时又打击了另一部分学生。在课堂上，组织学生比赛朗读是不少教师经常采用的方式，在比赛的过程中，成功者自然志得意满，而失败者也就难免灰心丧气。笔者并不是说学生不应经受一点点的挫折，而是想说，我们的比赛完全可以换一种方式，那就是学生把与同学比改为与自己比。学生都具有差异性、特殊性，将他们某一个方面的能力放在一起比，本就容易挫伤其积极性，让学生与自己比，学生可以参照的是过去的自己，从中更能够感受自己的进步，不必担心来自其他同学的压力，减轻了心理焦虑，更有条件在自己原有的基础上实现突破。

（2）定性评价与定量评价相结合

定量评价是指采用收集和处理数据资料、对评价者做出定量结果的价值判断。比如，运用教育测量与统计的方法对学生的特性进行描述。定量评价的最大优点是容易操作，评价结果比较准确，但定量评价容易把被评价者简单化，不易对学生进行全面真实的评价。

定性评价是指运用调查法、观察法、系统分析法等搜集、处理有关学生发展情况的信息，对学生的发展水平做出判断，进行定性描述，如评出等级、写出评语等。定性评价最大的优点是适用范围广，既能评价学生的学业发展水平，又能评价学生的非学业发展状况。对学生的评价也比较全面、真实。但定性评价结果具有模糊性，不易于准确判断学生的发展水平。

在课堂评价环节，我们倡导学生学习的主体性，并不放弃笔试在评价学生方面的重要作用。笔试仍是定量评价的重要途径，它快捷高效，结果反馈及时，教师对学生知识掌握情况可有大致的了解，学生也可对自己的知识漏洞进行弥补。但应避免根据分数排名，更不能因成绩优劣对学生下结论，否则伤害学生的自信心。

二、多元评价体系的实施

（一）基本原则

1. 掌握多元教学与多元评价的趋势

减缓考试评价对教学的导向作用，纸笔测验和标准化测验虽然在某种程度上对教学产生负面的影响，但仍是目前不可避免的评价方式之一，为了追求更好的评价结果，教师势必在考试的导向下对学生进行知识的灌输，从而忽略了学生其他方面能力的培养。为此，掌握了多元化的教学与评价的发展趋势，则可在不得不面对应试教育的同时也能进行教学与评价的调整，尽可能地导向教学与评价促进学生发展的功能。就多元化教学而言，教师首先要进行的是教学观念的更新，以进一步地转换教学意识。要从"灌输式，教师讲，学生听"的传统教学模式和观念中跳出来，转而将自己的角色定位从"主角"转化为"编导"，从自己一个人的独角戏转化为与学生的群戏。在教学过程中，教师要能有效地引导学生在语文的听、说、读、写等方面皆能"入戏"，促进学生学习的主动性、积极性和能动性。要知道，教学的成效最终是要体现在学生的身上，只有通过学生主动积极地学习获得的知识，才是学生真正的知识，否则知识对于学生来说就只是毫无意义的文字符号。就多元化教学评价而言，强调的是全面真实地评价学生的潜能、学习成果，以为教师提供教学上的改进信息，促进学生在学习过程中的发展。

在评价方法上，教师要坚持强调过程性和发展性原则。在评价学生时，要注意分组评价和即兴评价。如果学生表现良好，教师应使用激励性语言来评价学生。

评价在教育活动中占有重要地位，有效的评价可以激发学生的积极性，促进他们的发展，但以往的评价方法并不完善，不利于学生的全面发展。为此，教师可以采取课程化、多元评价模式，创新评价内容和形式，提高学生的学业水平。

2. 评价工具要兼顾"质"和"量"

教育研究向来存在两种不同的范式。第一种是质的研究，是以研究者本人作为研究工具，在自然情境下采用多种数据收集方法对社会现象进行整体性探究，使用归纳法分析数据和形成理论，通过与研究对象互动，对其行为和意义建构获得解释性理解的一种活动。第二种是量的研究，强调对事物可以量化的部分进行测量和分析，是检验研究者自己关于该事物的某些理论假设的研究方法。

(二) 语文课堂学生多元评价的实施

1. 语文课堂师生对话

(1) 语文课堂师生对话的含义

语文课堂师生对话，首先指的是教师在语文课堂教学过程中，师生、生生之间的言语交流和沟通，引导学生与文本与自身进行交流，这些都是实行课堂师生对话所表现出来的形式。这种对话是一种教学精神、一种教学理念。

对话是教师和学生之间针对基本教学内容的心灵的交流、精神的契合，它包括语文知识的传授、生命内涵的领悟、意志行为的规范、性格品质的形成。因此，这里所讲的语文课堂对话不仅指课堂上言语的交流，还可以是教师的一个眼神、一个手势、一个微笑，每个动作和神情都代表不同的情感、不同的思想，它们是师生之间知识的汇聚、思维的碰撞、思想的交流、情感的融合，是在交流过程中达成的共识，而不是事先计划好的、讲好的。这种对话也是一种彼此的倾听，是双方共同生长的过程，它不仅发挥着知识传递的作用，也在一定程度上创造并生成一定的知识。

简单来说，语文课堂师生对话，即指在语文课堂教学过程中，通过师生之间民主、平等、互动的对话，通过各种思维的碰撞，给学生以新的启迪，引发学生深入进行语文知识思考，从而完成语文知识及意义的建构，是师生之间全方位的、跨时空的交流。

（2）语文课堂师生对话的类型

①师生间的对话

师生对话的实现得益于良好的对话情境的创设。对话情境的创设取决于以下三个原则，这三个原则与对话教育的意义和性质密切相关。

首先，对话情境的创设必须遵循"平等"的原则。平等是人格和地位之间的平等关系。通过对话，教师在教学过程中引导学生学习，学生在学习过程中帮助教师教学，构建以"教与学""共生""共存"为特征的公平、和谐的师生关系。话语的前提和根本基础是，对话只有在对话的主体平等的情况下才能开始，否则就不能被视为一种对话形式。语文课堂教学中的师生对话强调"师生平等"的原则，换言之，教师必须重视学生的主体地位，引导学生积极参与课堂教学活动，发展互动，在教与学之间建立平等的关系。

其次，对话情境的创设必须遵循"知识建构"的原则。习得即知识习得，是指学生通过语文教育活动获得新知识，为学生构建知识体系。师生对话是教学活动中的重要交流，有效的师生对话提高了教学效果，提高了学生知识获取的质量，这决定了在创设师生对话的情境中应强调以学生为中心的知识构建原则。教师引导学生通过对话和互动积累知识，帮助学生养成自主学习的良好习惯，取得良好的课堂效果。

最后，对话情境的创设必须遵循"非压制性填鸭式"的原则。在传统教育中，教育活动是压迫性教育，更多地采用"填鸭式"教育法，整个课堂师生对话不仅处于不平等压迫的状态，而且在课堂上形成了机械的状态。对话式教育是对传统教育模式的否定。创造基于对话教育的对话情境，是为了改变传统压迫性的对话环境，调动各方积极性，搭建和推动师生对话的平台，在话题之间形成有效的对话和互动。

②生生间的对话

新型的师生对话式课堂十分重视学生之间的交流互动，倡导建立一种生动活泼的课堂互动环境。它倡导学生畅所欲言、各抒己见、彼此对话、相互交流。通过学生个体之间、学生个体与群体之间思维的碰撞和交融，共享知识、经验和智慧。通过对话，学生之间会碰撞出思维的火花并形成一个活泼开放的课堂环境。

③学生自我对话

这里的自我对话有两方面的内容，一方面指教师对自己的教学方法和整个教学过程的一个自我审视；另一方面则指教师所引导的学生的自我对话，也就是学生自我审视能力的培养。后者需要教师起到重要的作用，这就需要教师引导学生进行自省以激发学生的语文潜能，培养其语文学习能力。

④学生与文本的对话

传统课堂上，教材就是课堂教学的唯一文本，无论是教师的教还是学生的学，都不能越雷池半步。事实上，课本只是教学的凭借和媒介，是学生在一定程度上选择学习和处理的素材。学生的思维是活跃的、发散的，他们可以通过与教材对话而创造出新的知识，这是教师凭借完全照搬教材的教很难培养出来的。

2. 语文课堂即时评价

（1）语文课堂即时评价的含义

在新课程标准的改革之下，其核心理念是更加关注学生的成长和发展，尊重学生在课堂中的主体地位和作用。这就要求教师在语文课堂中，对学生给予合理性的评价，正确地使用评价手段来激发学生学习语文的兴趣和爱好，帮助学生在学习语文的过程中养成良好的语文素养，构建轻松愉悦的课堂氛围和环境。有效的课堂评价能够发挥激励、导向和调节作用，使学生学有动力、学有方法。

（2）语文课堂即时评价的分类

①口头评价和书面评价

从评价的形式上分，可采用口头评价和书面评价。口头评价是最常用的评价形式之一，是指在课堂教学中，通过教师的语言对学生的课堂学习行为做出肯定或否定的评价，使学生在心理上获得成功或反思的体验，进而促进学生学习的一种评价。书面评价是具有诊断性的、结论性的评价，教师应慎之又慎，对于可塑性很大的学生而言，应以鼓励为主。

②语言评价和体态语评价

从评价的媒体上来分，可分为语言评价和体态语评价。语言评价，即口头评价，如"你的想法给大家开了个好头""你的想法真不错""大家鼓掌表示向他学习"。体态语评价是指教师通过自己的表情、眼神、手势等体态语言，对学生的学习行为表达出信任、鼓励、赞赏的信息，从而达到"此处无声胜有声"的效果。

教师的体态语言相当丰富，可以用微笑、点头、赞许的目光、竖起大拇指等方式对学生的学习行为表示肯定和赞赏；可以用摇头、提醒的目光等方式表示对学生学习行为的否定与制止。教师合理使用体态语，不但能够吸引学生的注意力，还可以加深学生的印象、对相关知识的理解，丰富学生的想象力，从而提高学生的学习兴趣，调动他们的表演欲望，提高他们参与课堂活动的积极性。

教师在进行各个教学环节时，要有情感的投入，因为语文是一门情感丰富的学科，教师如果不进行情感的赋予，学生便不能很好地理解教学内容。所以要尽量展现情感性，这样还能进一步提高教学成效，教师在对学生进行评价时，注意手势、语态和体态的变化，能够增强情感的输出。同时，教师进行评价时一定要注意客观性，不能太过于偏爱某一个学生，当学生呈现自己的观点时，教师应该更多地考虑学生这样的表达是否合适，要站在中立的角度来帮助学生获得更好的发展。

（3）语文课堂即时性评价实施策略

课堂即时性评价体现了这种评价方式施予时的随机性和突发性，也体现了课堂预设和生成的差异。不同的语文课堂可能有千差万别的变化，很难保证给出的策略和建议能够具体到教师与学生的一举一动上，但语文教师如何在课堂45分钟内有效地捕捉契机和实施即时性评价却是有规律可循的。

①要积极鼓励，多用鼓励性的评价

评价是一门艺术，对学生的评价要精心设计，使其丰富多彩。有时不一定正好"对准"学生，不妨换一个角度，效果还可能更好。

②及时准确，发现每一个孩子的闪光点

要针对学生学习活动和结果的具体情况，做出适当的、准确的、富有启发性的评语，并在评语中给予具体、巧妙的暗示或点拨。

③客观公正，让学生心服口服

教师对学生的评价，通常会被教师和学生之间的感情所左右，教师一定要克服两种偏见：对后进的学生评价过于严格，而对自己喜欢的学生评价过高。课堂教学中教师对学生学习行为即时评价的目的是调动学生学习的积极性，进一步引发学生产生积极的学习行为。因此，教师应对学生积极的学习行为本身加以肯定或褒奖，对学生消极的学习行为本身加以否定或劝诫，以引起学生对积极学习行为的保持与仿效、对消极学习行为的转移或终止，而不应该就学生某一学习行为的优劣来评判该名学生的优劣，更不能把学生在课堂上的某一消极的学习行为作为攻击、讽刺学生的依据。换句话说，课堂教学中的即时评价应该尽可能地做到就事论事，对事不对人。

④情真意切，话语暖人心

语文教学若只考虑学生的认知因素，不关注学生的情感因素，势必会造成"学而无乐"的结果。现在教育体制倡导多表扬少批评，所以，在很多语文课上经常能听到"太棒了""太好了""老师喜欢你"这样千篇一律的表扬，缺乏情感和说服性的评价。情感是意向过程中的一个重要因素，对教学过程有着强化或弱化的作用。所以，评语尽可能带点感情色彩，应情真意切、富有个性，以达到既可对学生学习做出公正的评价，又可密切师生关系的目的。即时评价是师生对课堂上学生的学习活动做出的即时反应，帮助学生调整、控制后续学习行为的一种评价方式，它是师生对话、生生对话的主要内容，对教学目标的达成、教学信息的反馈、教学过程的调控等都起着重要的作用。

三、多元评价助力学生健康成长

（一）多元评价促进了学生素质的全面提高

多元化学生评价的教学实践，给学生提供了自主发展的时间和空间，充分发挥了学生的自主作用，调动了学生的学习积极性。通过课堂即时性评价、师生对话的教学实践，给学生布置表现性任务及实践活动等，学生的多方面能力都得到了发展：很多学生的问题意识增强了，改掉了胆怯、依赖的习惯，课堂上敢于向教师及同伴提出问题了；很多学生语言表达能力也增强了，能大胆向教师表现自己、展示自己，敢于发表与众不同的见解；不唯本为本，还敢于指出教师乃至书本上的错误，敢于对他人的发言做评价和补充。很多学生的自我反思能力、团结协作能力、实践能力、创新能力、信息收集和处理能力及观察能力等都得到了提高。

（二）增强学生主体意识、参与意识，提高了语文学习的兴趣

多元学习评价的教学实践，给了学生许多自己学习的机会，通过激励性评价，学生看到了学习的进步、潜力与能力，还给他们的语文学习提供了强大的动力，可以激发他们进一步学习语文，变被动为主动，乐于参与到学习中来，乐于探究、乐于发现。开展多元评价后，学生学习语文的兴趣提高了，自我调控能力提高了，使学生真正成为学习的主人。

（三）多元评价促进了课堂教学的优化

多元评价极大地调动了学生学习语文的积极性，不仅促进了学生自主学习、主动探索，而且对学生思维能力的发展起到了一定的促进作用，还有利于教师根据教学的具体情况对课堂及时进行调控，提高教学效率。在这过程中，教师也会及时改善自己的知识结构，学会开发利用课程资源，指导学生开展研究性、探究性学习，创设丰富的教学情境，改变教学策略，有利于教师对课堂教学及时调控，优化课堂教学。

（四）多元评价提高了教师的业务素质

多元评价的实施促进了教师教育观念、教学行为的转变，评价策略的全面性强调了教师教学的全面性。因此，教师们学理论、钻业务、搞科研的热情空前高涨，从而也加快了由"经验型"向"科研型"的转变。

实践证明，教学评价是以促进学生发展和达到教学目的为中心的评价。课堂教学过程中实施多元化评价已经成为实现教学目标重要的辅助手段。教学评价具有导向性、激励性和发展性，能有效促进教与学双方的互动相长，有利于学生的主动发展，有利于教师教学水平的提高，从而进一步实现教学的发展。

参考文献

[1] 宋秋前，钟玲玲，倪静静. 小学语文教学的实验研究［M］. 上海：上海交通大学出版社，2023.

[2] 魏玉梅. 学语习文小学语文阅读教学设计指要［M］. 上海：上海教育出版社，2022.

[3] 徐文. 小学语文教育与文学素养研究［M］. 青岛：中国海洋大学出版社，2022.

[4] 周艳梅. 小学语文有效教学艺术探究［M］. 长春：吉林人民出版社，2022.

[5] 舒洪沫. 优秀传统文化融入小学语文教学研究［M］. 长春：吉林文史出版社，2022.

[6] 陈台盛. 基于双减背景的小学语文教学策略研究［M］. 沈阳：辽宁人民出版社，2022.

[7] 王林慧. 学为中心指向深度学习的小学语文教学探索［M］. 杭州：浙江工商大学出版社，2022.

[8] 宋庆捷. 小元素与大单元小学语文单元整体教学设计与指导［M］. 北京：九州出版社，2022.

[9] 李波. 小学语文课程标准与教材研究［M］. 北京：新华出版社，2021.

[10] 康海荣. 小学语文课程教学设计多维研究［M］. 北京：北京工业大学出版社，2021.

[11] 施丽聪. 体格立场小学语文教学新思维［M］. 厦门：厦门大学出版社，2021.

[12] 徐凤杰，刘湘，张金梅. 小学语文教学生活化的策略与研究［M］. 长春：吉林人民出版社，2021.

[13] 杨慧莉. 小学语文语用教学的实践研究［M］. 天津：天津社会科学院出版社，2021.

［14］樊裔华. 小学语文读写一体化［M］. 上海：上海交通大学出版社，2021.

［15］周一贯. 小学语文教育的文化观［M］. 南昌：江西教育出版社，2021.

［16］李艳. 小学语文教育创新实践研究［M］. 长春：吉林文史出版社，2021.

［17］陈凤英. 轻叩阅读之门小学语文教师阅读教学指要［M］. 上海：上海教育出版社，2020.

［18］姜善辉，陈素静，朴金艳. 单元整组视阈下小学语文群文阅读实践研究［M］. 长春：吉林人民出版社，2020.

［19］刘国正，曹明海. 语文教学的"实"与"活"［M］. 济南：山东教育出版社，2020.

［20］张璟. 小学语文语用课堂构建研究［M］. 长沙：湖南教育出版社，2020.

［21］任光霞. 小学语文课程与教学研究［M］. 长春：吉林人民出版社，2020.

［22］胡冰茹，周彩虹. 小学语文课程教学与设计［M］. 苏州：苏州大学出版社，2020.

［23］任真伟. 小学语文课程与教学［M］. 成都：电子科技大学出版社，2020.

［24］丰际萍，赵晓蕾，聂淑香. 基于标准的小学语文单元整体教学［M］. 济南：济南出版社，2020.

［25］王进，高海燕，张瑜. 基于慕课背景下的小学语文教学方法浅析［M］. 长春：吉林人民出版社，2020.

［26］苗禾鸣，赵相甲. 小学语文整本书阅读课程设计与整体性实施［M］. 北京：线装书局，2020.

［27］缪丽娟. 智慧课堂与小学语文教学探究［M］. 延吉：延边大学出版社，2019.

［28］柳舒. 小学阅读课程文体研究［M］. 成都：西南交通大学出版社，2019.

［29］吕珈臻. 小学语文阅读能力发展策略研究［M］. 福州：海峡文艺出版社，2019.

［30］杨德华. 生态语文视野下的识字与阅读教学［M］. 长春：吉林大学出版社，2019.